古本屋タンポポのあけくれ

片岡千歳

夏葉社

古本屋
タンポポのあけくれ

扉題字　出久根達郎

タンポポ通り　12
出久根達郎氏のこと　16
古書展　上　20
古書展　中　24
古書展　下　28
創業のころ　上　32
創業のころ　中　36
創業のころ　下　40
出会い　上　45
出会い　下　49

伊丹文庫　53
恩師　58
愛読書　62
ばんちゃん　66
昔話　70
「タンポポ」のタンポポ　74
映画『雲がちぎれる時』　78
万引の話　82
来客名簿　86
署名本　91
出張販売　95

夫の病気　99
紫陽花の思い出　103
「スニーカーのうた」　107
本の山　111
古書目録　上　116
古書目録　中　120
古書目録　下　124
献呈署名本　128
点歩先生　133
慎太郎ファン　138
龍馬ファン　142

古本屋のこころ　上　146
古本屋のこころ　中　150
古本屋のこころ　下　154
ありがとう　158
ある県民性　162
遠来の客　166
天井画廊　170
四と五の話　174
八波先生　178
読書感想文　182
詩集『四千の日と夜』　186

三國一朗氏のこと　191
タンポポ日和　上　195
タンポポ日和　下　199
大古書入札会　203
田中英光全集　207
古本屋の本　211
付録のマンガ　215
本は選ぶ　219
愛車ロシナンテ　223
古書への関心深められれば――「タンポポのあけくれ」連載を終わって　228
古本屋の戦後――「タンポポ書店」の場合　234

「古書展」こぼれ話　242
神様のシナリオ　246
お遊びのおつり　249
文庫本　252
本の埋葬式　256
龍馬がいる　259
『雪国』物語　264
足袋と肌着　269
「やりゆうかね」　274
「ロシナンテ」　277
「ロシナンテ」後日物語　280

三人の「カタオカミキオ」 283
タンポポ農園雑記 286
あとがき　片岡千歳 303

増補

詩のことなど 307
昨今古本屋事情 310
あとがき に添えて　片岡直治 314

本書は二〇〇四年二月にタンポポ書店より刊行されたものに、
あらたに二篇の随筆をくわえ、復刊したものです。

古本屋 タンポポのあけくれ

タンポポ通り

高知市内では、ほとんど年中、どこかしらでタンポポが咲いている。でもタンポポが一番美しく咲くのは、桜の花が散りはじめるころだと思う。桜の花のころは、タンポポには程よく雨が降るせいか、いま顔を洗ったばかり、そんな感じに、鮮やかな黄色の花びらを開いている。このごろ目にするのは、もっぱら西洋タンポポ種の黄色の花で、シロバナタンポポは、めったに見られない。

こんなところで
白たんぽぽがさいている。
もう絶滅したんじゃなかったのか。
天地をくつがえすような想いをたくさなくては申しわけない。
（小野十三郎詩集『拒絶の木』の中より「夏まで」）

この季節、自転車で店に行く道々に、更地になっている所に、群生と言うほどではないが、道に沿ってタンポポが集まって咲いている。私はタンポポ通りと名付けている。

いずれ何か建物ができたら、このタンポポも消えてなくなるに違いない。なかには、しぶとくアスファルトの中から芽吹いて、歩道のふちに咲いているのもある。

私の店の軒下の、コンクリートの割れ目にも、地にはりついたように、低く小さなタンポポが咲いたことだった。夕方高校生の自転車が並ぶ所に、賢く身を守るようにして咲いた。

私の店番をする場所も、やっと座るだけの空間で、タンポポは私をまねているのか、あるいは私のほうがまねているのかと思ったりする。

タンポポは、花が咲き終わると、花びらを閉じ、ひと時、茎を横たえる。それは、次に咲く花の邪魔にならないように、という説もある。それもあるかもしれないが、種を抱いた冠毛を、できるだけ風に乗せやすいように、背伸びをする。

そのエネルギーを蓄えるためのように、私には思えてならない。

思いっきり背筋を伸ばした、冠毛のタンポポを見ると、健気《けなげ》な人間性を感じてしまう。小野十三郎氏の詩の言葉に、——天地をくつがえすような想いをたくさなくては申しわけない——に共感している。

タンポポは百パーセント自分の意思で、花を咲かせる場所を選択することはできない。自然まかせ、神様のご配慮に従うしかないのだから、どんな過酷な場所でも、根を下ろした所が最良とばかりに、そこで生きるしかない。

☆

古本屋を始める時、店の名前に苦慮した。夫と二人で考えたすえに、W・ボルヒェルトの詩句。
その花——そのおとなしい、ちいさなタンポポの花がまもなくおれにとって一人の人間——ひそかな恋人の価値を持つにいたったここからタンポポをいただいた。

中島町（現在の本町、中田葬儀社前）から現在の、南はりまや町に移転する時、大野一郎氏（夫幹雄の友人）にタンポポの絵を描いてもらい、W・ボルヒェルトの詩句を入れた栞を作った。

旭駅前通りに開店した昭和三十八年。晩秋のこと、郷里の山形の母が、目の手術をした。やっと眼帯がとれて、外を見たら、窓の下に粉雪をかぶって、タンポポの花が咲いているのが見えた。

――寒さにもめげずに咲くタンポポは、強い植物だと思う。店の名前が「タンポポ」とはいい名前を付けたものと喜んでいる――

と、母の手紙は結ばれていた。

こんなささやかな励ましの言葉にも、私たちは心強く思い、まさにタンポポは、私たちにとって、かけがえのない人格を持つに至ったのだった。

出久根達郎氏のこと

新聞のこのエッセイのお話があった時、突然降ってわいたようなことなので、何を書くかも定まらないのに、題は「タンポポのあけくれ」にしようと自然にできた。その次に、題字は、直木賞作家の出久根達郎氏の、柔軟でしかも力強いあの文字でと、勝手に決めてしまった。出久根氏は月に何本もの連載を抱えて、ご多忙ぶりを眼の当たりにしたこともあるのに、厚かましくも私は思いついた時に、躊躇せずお願いすることにした。

出久根氏に最初にお会いしたのは、高知の夏季大学講師で来高の時だった。その以前に、古書探究の専門誌「日本古書通信」にタンポポ書店が、目録の広告を出していた。それに氏が注文を下さったのが始まりだった。

夫の親友伊藤大氏が、『きさらぎタンポポ――追悼 片岡幹雄』を編集してくれた。

「芳雅堂書店」店主でもある、同業の出久根氏に、ご注文下さった本を送る時、追悼集を一緒に入れて送らせて頂いた。

しばらくして、東京の紙舗「直」の坂本直昭氏から、読売新聞の出久根氏のコラムで、片岡の亡くなったことを知ったとファックスが入った。「タンポポの色」と題して、「きさらぎタンポポ」のことを書いて下さっていた。『思い出そっくり』（文藝春秋刊）の、全部で百と一編のお話の中に「タンポポの色」も収載され、出久根氏が送って下さった。「芳雅堂書店」の店内の写真がカバーを飾っていた。私は整然とした古書店の写真に、うっとり眺め入った。


漱石を売るなりわいぞ根深汁　　出久根達郎

『思い出そっくり』の扉のサインは、公民館の夏季大学講師の控室で頂いた。高知大学名誉教授沢村栄一氏にご一緒させて頂いたことだった。

出久根氏は中学卒業と同時に、古本屋に就職。店主に最初に「分かっても、分からなくてもいいから、これを読め」と日本の古典文学の全集物を渡されたと言う。氏は古本屋の基礎的な修業として、古典に出合った。そのような講演をなさった。

私は古本屋になるなどとは、思いもしなかったが、中学卒業後、高校へ進学できずにいる時に、担任の先生が教えてくれて、岩波文庫に出合った。古典を全部読んだら、高卒にも大学卒にも負けないぐらいの力がつくと、励ましてくれた。私が古本屋をやってこられた、大きな助けになったと話したのだった。

不思議に初対面の方のように思わず、遠い昔からの知人がにわかに近づいて来た、そんな感じでお話ししたことだった。

美人の奥様とも、途絶えていた昔の友達と友情を復活させたような気がしていた。

講演の翌日、ご夫妻でタンポポ書店も覗いて下さった。私は「芳雅堂書店」の写真を『思い出そっくり』のカバー写真で見ているので、雑然とした私の店は、恥ずかしかったけれど、熱心に本を見てたくさん買って下さった。

「タンポポさん、お店にトイレはあるのですか」

どこかしこに本を雑雑と積み上げて、トイレのドアの前にも本が山になっているために、現実的な心配をして下さったのだった。

おりしも高知新聞に連載中だった、出久根氏の『面一本』に登場する高知の古本屋の女主は、どこかタンポポ書店に重ならなくもない。また、ヒロインの若苗さんは、古本屋で剣士でもある。

「私の長女の名前は若苗ではなく、菜絵で剣道二段です」と言った。

出久根氏も奥様もびっくりなさった。

「『きさらぎタンポポ』で見た菜絵さんのお名前、いいなあと思って頭に残っていたのかもしれませんね。でも剣道二段は、偶然です」とおっしゃった。

古書展　上

今年の高知西武古書展目録の巻頭に、「土佐国安芸郡白濱村明神家関係文書」があった。明和六年とか明治十三年と明記された、文書、書状一括物である。だれもが必要なものではないが、貴重な歴史民族資料として、後々の県民、研究家に役立つ文書だ。高額なことでもあるし、公的なところへ納入したいものだと、私はひそかに考えていた。

結果的に、県立図書館に収まることとなった。関係者の慧眼《けいがん》、英断に私は心のうちで拍手した。こうした例は、他にもある。

古書展初日には、目録による注文、重複した注文の抽選などで毎年にぎわう。このにぎわいも、それぞれに行き先が決まって、一段落した時、

「明神家文書はどこへ行きましたか」

元高知大学長の関田英里先生だった。

「あの文書の行方が気になりましてね。そうですか、県立図書館へ、よかったですね」

先生は心から、その貴重な資料の行方をご心配だったらしい。

「皆の財産になったのですから、私もほっとしています」と私。

実は、この文書は、出店仲間の大阪の杉本梁江堂の出品。ほかにやはり大阪からの彦書房にしても、大阪、東京の古書の市では、積極的に、土佐物を心掛けて集めてきてくださる。私は大阪の両店のように、市へ出掛けずとも、通信や目録などによって、土佐に縁のものをと心掛けている。

そうして集められたものを、逃さず受け止めてくれる古書ファンがいる。さらに、関田先生のように、収まり所を案じてくださる。

年間のスケジュールに、古書展を組み込んでくれる西武百貨店。これのどれか一角が崩れても成り立たない。

多くの人たち、関係団体、組織によって古書展は支えられている。現に今年は二十四回を数えることになった。

古書を文化財という認識で見た時、古書展の役割は決して小さくはない。

この文化財、女性には嫌われものらしい。女の私が古本屋をやっていることも、奇異に映るお客様もいる。

☆

いい本を安く、をモットーにしている私は、包装材料にお金をかけないことにしている。買っていただいた本を、安い紙の袋に入れてお渡しすると、

「古本のように包まんと、新聞紙で弁当箱みたいにしてや、女房がうるさいき」

いまも新聞紙で弁当箱を包む人がいるかどうか。言われたように、私は新聞紙で包む。

「庭の水仙が咲いちゅうね、来て見いや、とか言うて、外へ女房を引っ張り出しといて、その間に部屋へ持ち込むわね。机の上に置いたらこっちのもんや」

欲しい古本を買って楽しみ、ついでに、奥さんとだけしかできないゲームまで楽しんでいる、幸せなご夫婦に私には見える。

古書展の時、古本の天敵（失礼）の奥さまを同伴でいらっしゃる賢いお客様もいる。

初日のあのにぎわいを、奥さまに見せて、古書の価値を認識してもらうつもりらしい。財布は奥さまが権利を握っている。

ご主人の本代のカードを切る時、

「私も買っていいかしら」

「お前も欲しいブラウスを買いなさい」

そんな会話が聞こえそうな雰囲気がある。

デパートは女子供の行くところ、と言われている。しかしこの催事にかぎって、圧倒的に男性が多い。デパートの食堂街もこの期間中は男性客が多いと言う。

古書展　中

高知西武古書展は、昭和五十三年三月が第一回だった。

当時、大阪古書籍商組合の理事長だった、杉本梁江堂主人、杉本要太郎氏は、西武の井上部長と連れ立ってタンポポ書店に来られて、古書展への参加を呼びかけて下さった。

夫も私も、お話を伺っても、全く未知のことで、なかなか理解ができないでいた。戦後に現在の古書展のようなことを体験していた吉永平凡堂主人吉永進氏も、積極的に参加するようにすすめて下さった。

タンポポ書店の店主の片岡は、石橋をたたいても渡らない慎重な（時には暴走もあった）人で、なかなか参加するとは言わない。まず古書展に出品する在庫も無かった。

私は深い思慮もなく、好奇心だけは旺盛で「一度やってみたら。駄目だったらその時やめてもいいじゃない」と夫に言った。

思いついたら先ず走ってしまう、走りながら考えるのが私のやり方で、プラスもマイナスもここにある。

いよいよ私たちも参加すると決めて、第一回古書展が実現するまでには、杉本氏も、何度か高知に足を運んで下さった。私たちも何をどうしたらいいかが分からず、吉永氏のご指導を仰いだ。

最初にしたことは、出品する本に付ける値札を、印刷屋に頼んだことだった。セピアのインクで枠をとり店名と円を印刷した。

☆

第一回の参加者は、大阪から「津田書店」、店主津田喜代獅氏は高知県出身で、業界では名物的な人物と聞いていた。この時、坂崎紫瀾の坂本龍馬伝『汗血千里の駒』をもって来て下さった。「いそやん」の磯本氏の本は安くて人気があった。〝いそやん〟の値札も個性的だった。「中尾書店」、「萬字屋書店」、「黒崎書店」そして「杉本梁江堂」、神戸から「藤本書店」、「黒木書店」、岡山から現「南天荘」

の大萩さん、「長山書店」、「松林堂書店」、「川下書店」、香川から「高松ブックセンター」、そして地元「吉永平凡堂」、「タンポポ書店」だった。

長い間には出店をやめたり、新たに香川の「久保書店」、「丸忠書店」が参加したりさまざまな変遷があった。現在は、「杉本梁江堂」と「タンポポ書店」そして大阪の「彦書房」の三店で定着した。

「黒崎書店」、「杉本梁江堂」、「長山書店」は毎年立派な目録を送って下さる。重厚な内容の目録を送っていただくと、頑張り様が窺われて、こちらも励まされる。

第一回の前日、その日は広い催事場の、それぞれに分けられた平台に、出品する本を並べる作業がにぎやかで、活気のある風景だった。本を並べると言っても、平台に高低を作り立体的に見せ、ボリュームと迫力を付ける、こんなディスプレーの初歩的なことさえ、私たちは分からず、手慣れた先輩の作業を見習ってやった。

西武百貨店は、並べの作業終了後に、一席設けて、業者一同に振る舞って下さった。「古書展」への西武百貨店の期待と力の入れようが窺われた。こうしたことも異例のことだったらしい。

いよいよ初日を迎えて、並べ作業の時とは別人の、ホテルマンのように澄ました古本屋の面々が、お客様をお迎えした。私には新鮮な驚きだった。

忘れられないのは、湧き出たように催事場にお客様があふれたことだった。十時開店前に百貨店の前に並んだお客様は、エレベーターとエスカレーターと、どちらが六階の催事場へ早いか、議論をしていたと後で聞いた。

平台三台がタンポポ書店がもらった売り場。古書らしい古書もなく、やっと整えたことだった。

開店と同時に、エスカレーターを駆け上がってきた紳士が、叫ぶように尋ねた。

「『高知県農地改革史』はどこですか」

それは新聞の広告にも出た、私の店の唯一古書らしい出品だった。

紳士は高知大学の山本大《たけし》教授だった。

古書展　下

古書展も三日目ぐらいになると、初日のにぎわいはなく、業者も落ちついて本に向き合える。

今年は催事場が変わって、スペースが若干狭くなった。その代わり例年のような、レコードとか手芸などと併設した催事ではなく、古書だけ取りきった会場だったことが、かえって良かったように思う。

私は古書の市へも出掛けず、年に一度か二度、大阪や東京へ行った時、古本屋を覗くだけだ。この機会に、他の本屋の出品を見て回る。本の名前だけ知っていて、姿を見たことのない本に出合い、手にとって見ることができる。またこの作家にこんな著書があったのか、という発見も多く楽しい。手にとって、しかと本の作りや装丁を眺める。わずかでも手にしたこの時間だけは、この本は私の所有である。例えば高価な豪華本であっても。

時間を気にせず、たまに会場に電話がかかるようなことがあっても仕事の内、ゆっくりと本に向かい合える。

私の至福の時と言ってもいい。それが三日目四日目ぐらいだ。

この時、やっと私は古本屋の目をつぶって、ただの本の好きなおばさんになる。

そしてこの時、毎年何かしらの発見と、収穫がある。「おやっ」と思う時がある。

私は本に呼ばれているのである。今年も二度そんなことがあって、それが小さいながら、今年の発見と、収穫になった。

話してしまえば、何でもないものになりそうなこと、他の人には、何でもないものかもしれない。だから、それは言わずにおこう。

☆

開催前に、目録による注文で、初日、希望の本を手に入れたり、また外れたりした人が、古書展の会期中二度三度と来てくださる。大阪の本屋さんは、そのことを大変喜んでいる。大阪の古書展では、会期中何度も足を運んでくれる人は稀で、高知の人は皆親戚のようだと言ってくれる。

いる。

「やっぱりまた来たわ」

すこしてれながらお顔が輝いているSさん。熱心に本の背文字に目を走らせている。

Sさんは、数年前の古書展で、坪内逍遥訳シェークスピア全集の端本、数冊を買っていただいた時以来のお客様。その後、シェークスピア全集完本を買っていただいた。

長い間看護婦として勤め上げた後に、若い時の向学心さめやらず、定時制高校に進み、女子大の聴講生として、英文学を勉強中という、人生の大先輩。

しばらくすると、初日連れ立ってきた、友人のHさんにばったり出会う。彼女もSさんと同じで、何か見落としていないか、気になってならない。

Hさんはキルト製作者、どこでキルトとつながるのか、私には理解できないが、教育勅語とか、古い雑誌の付録を見つけて、大変な喜びよう。きっとユニークなキルトが作品化されるに違いない。楽しみなことだ。

「あなたにここで会いそうな気がしたわ、やっぱりまた来たのね、あなたも」

「落ち穂拾い」と私は言っているけれど、SさんやHさんのように、目録で希望の本を手にしても、再度丹念に見て拾っていく。

「抽選で外れたのに、吉田健一の本見つけたわ、今日また来てよかった」とSさん。

彼女もきっと本に呼ばれたのだ。

「思えば思われる」と言うけれども、何も、それは人間だけのこととは限らない。人間と物とのかかわりにも、同じようなことがある。

注文がたくさんあって、抽選に外れた本が、目録に載せてない別の本屋の出品にあったりする。初版でなくても、ぐっと値段も安くて、かえって喜ばれることがある。

本は買う人が選ぶように思うけれど、本のほうも、買ってくれる人を選んでいると思うことが、しばしばある。

本に選ばれるには、こちらも見る目を養い、かつ、巡ってくるチャンスを、意識的に多くつくることだと思う。

創業のころ　上

「日本古書通信」は古書収集家、または古書探究家の愛読誌である。

平成七年、「古本屋の戦後」という読み物の連載があった。その何回目かに、私も書くことになった。以下は、その時の「『タンポポ書店』の場合」と、重複するところがあるかもしれないので、お許しを頂きたい。

☆

片岡は、さまざまな仕事の遍歴のすえ、生活の安定を考えて、警察官になった。そのころ私たちは結婚したものの、夫は警察官になりきれなくて辞めてしまった。「暮しの手帖」で、「自転車の古本屋さん」という記事を読んでヒントを得た夫は、古本屋を開業することにした。

高知県西部の中村警察署に配属されていたので、両親の住む高知市旭に引っ越した。

資本は、三千円で買った中古の自転車と、自分たちのささやかな蔵書、仕入れ資金三千円、それとなにより二十七歳という若さだった。二人とも本が好きだったことも、資本と言ってもいいかもしれない。

旭の実家の一部が店舗で、伯父が骨董屋をしていた。古い家具や、大きな瓶、皿鉢《さわち》料理の大小さまざまな皿鉢、それらが並ぶ店の端に、半間の本棚を置き、手持ちの本を並べた。

その二、三日前に、旭駅前で、木箱の上に板戸を置き、古本を並べてみたけれど、通る人に見向きもされず、やめた。しかし私は、彼が本気で古本屋を、自分の仕事にしようとしている固い意志を、その時感じた。

旭駅前通りに、四坪の貸店舗を見つけて、そこを借りることにした。古びていたが、幸い屋根の上に、トタンを張った看板があって、塗料を買ってきて、夫が自分で店の名を書いた。

この先の生活の不安を抱えながらも、看板ができた時の喜びは大きかった。やる気は充分でも、先立つものがなく、本棚も手作り、お金ができたら材料を買い、買いして、棚を増やしていった。

昭和三十八年のことである。

二歳になった娘と私は、夫の引くリヤカーに乗って、暑い夏の日、木材を買いに行った。帰りは、木材の間に娘を座らせ、私はリヤカーの後を押した。

娘は面白がって、はしゃいで、私たちも、食べるのがやっとの生活が、少しも苦にならない時が流れていた。

ざっとした仕事のことをハナクソアンドン（鼻くそで行灯を貼る）という言葉があるらしい。夫の手作りの本棚は、まさにハナクソアンドンもいいところ。

「本屋をたたむ時、楽でいい」

などと、自嘲していたが、大工さんを雇える経済状態ではなかった。それでも、ひとつひとつ作るうちに、勘どころを会得したものか、三十余年たった現在も、立派に役立っている。その間、旭駅前通りから、中ノ橋、そして現在の南はりまや町と店は移転した。

四年ほど前、デパートから撤退する書店さんから、まだきれいなスチールの本棚を「差し上げます」という、ありがたい話があった。

だが、本棚を入れ換える、その労もさることながら、ピカピカした棚は、「タンポポ書店」にはなじまない気がした。

なにより、創業の時の思いも深く、ありがたい話を辞退したことだった。本棚は夫が作ったが、店番は、夫と私が代わりあってした。夫も私も見ていなかった、店での出来事を、本棚は全部見ている。

私は、きれいなスチールの本棚に、少しは心が傾いたことを恥じた。整然とはしていないが、店の中に組み入れた時から、「タンポポ」の名のもとに、夫と私と共に、本棚も仲間として、人格を持つに至ったことを忘れるところだった。

ここはまた、私の学校なのだった。

創業のころ　中

十分な資金もなく、商売のイロハも知らない者どうしながら、夢だけは大きくて、それは、商売を知らないから、見ることができた夢だったことを、おいおい知ることになった。

私たちは詩を書いていて出会ったのだった。愛読誌の「詩学」に、詩集がたくさんある店として、渋谷の中村書店の広告が載っていた。東京へ行ったら、一度は訪ねたい店だった。

二十代のはじめころ、郷里の山形へ帰る途中寄った中村書店で、『左川ちか詩集』を尋ねた。黒シャツの細身の店主は、たちどころに裏から出してくれた。それは詩人左川ちかの遺志により、伊藤整によって編まれた、三百五十部限定の昭森社刊詩集だった。

あの時の感動が忘れられなくて、詩書を中心にした古本屋を目指すことにした。

そのころすでに詩壇で詩人の地位を占めていた義兄の片岡文雄は高校教師で、

「ここは高校生がよう通るから、参考書なども安く買って、安く売ったらいいね」

と示唆してくれた。

「日に〇冊売っても〇円の利になる」

勝手に試算して、冗談に、

「いまにビルが建ったら、僕も雇ってもらおう」と私たちをくすぐった。

高校生は参考書を売りに来た。新品同様のきれいなので、すぐにでも売れそうに思った。

しかし、高校生は売り方専門で、いくら安くても、古本屋で参考書を買う高校生はいなかった。たまに買っていくのは、先生、もしくはお父さんが、子供に買っていくようなお客様だった。

参考書は在庫の山となり、古本屋の商品にはならないことを知った。

詩集のたくさんある店を目指したものの、本棚は充実せず、詩集を尋ねてくる人もなかった。

ある時、夫が紙の原料屋で『萩原恭次郎詩集』を見つけた。昭和十五年、報国社刊である。

詩人没後刊行の詩集ながら、収集家やプロレタリア詩、アナーキズム文学を標榜していた人には、垂涎ものの詩集と思う。

初めて入手した、古書らしい詩集だった。なるべく長く手元に置きたくて、自分たちとしては、法外な値を付けて棚に並べた。

だが本の好きな人には、すぐ目に付くらしく、一週間もたたないうちに売れてしまった。

いいものは、こんなちっぽけな店でも売れる。商売の面白さを、この時覚えたと思う。

☆

そのころ四国地区では、年に一度、業者の古本市が高松であった。仕入れ資金も十分ないので、その市へも出掛けることができない。

本の質はともかく、本があふれている、昨今の業界と、三十年前のあまりの違いに言葉もない。

夫は蔵書家の友人に頼んで、委託販売をさせて頂いた。持ち主に売値を付けてもらい、それが売れた時に、二割こちらが頂くことにした。

友人に恵まれて、ずいぶん助けてもらった。

「漕役囚《そうえきしゅう》」の同人で友人の藤村欣市朗さんの紹介で、夫は、ガソリンスタンドの夜間アルバイトに行くことにした。

旭駅前通りは、高知学園の通学路で、高校生も、先生もよく来て頂いた。

嶋岡晨《しん》、真辺博章、小林一平、堀慎吉、久万俊彦、中町子菊の諸氏は、当時、高知学園に在籍で、随分お世話になった。にわか商人の私たちは、教わることが多かった。

年度末図書費が残っていたりすると、諸氏の中には、図書館の担当の先生がいて、まとまったものを買って下さった。ありがたかった。

嶋岡さんのお父さんが、ある時、店に入ってこられて、

「近くまで来たので、寄せてもらった」

と言って、国語辞典を買って下さった。

ついでのように、私たちに心遣いして、実は、励ましに来て下さったのだった。

創業のころ　下

このごろ、本を売りに来られる人は、段ボール箱で、幾つも運んで来るのも、珍しいことではない。

古本屋を始めたばかりのころは、二、三冊の古本を風呂敷に包んで来て、粛々と売り買いしていた。

それでも、その日暮らしのことで、二、三冊と言えども、売り手が三人ほど続いたら、仕入れの元手にも事欠いて、夫の目配せで、私は裏から、姑の家に走ったことだった。

ある時、見るからに重そうな、大きな風呂敷包みを下げた紳士が店に入ってきた。

あんなにたくさんの本を買えるだけのお金は無いはずなのに、夫のサインはない。

風呂敷の紳士は、当時、市民図書館に勤務していた、吉村淑甫《よしほ》氏（県立歴史民俗資料館館長）だった。私はその時が初対面だったが、藤村欣市朗さんを通じて、片岡は面識があったらしい。

吉村氏はにわか商人の、とぼとぼとした暮らしぶりを心配して、片岡に、『栗尾弥三郎全集』の校正の仕事を持って来て下さったのだった。

「珍しい本が入ったら、図書館に見せに来るように」と親切に言って下さった。

吉村氏には、正夫人共々、いまだに助けて頂くことばかりだ。

後に、池皐雨郎《こううろう》の詩集『涙痕集』（明治三十一年刊）を市民図書館に納めたことが忘れられない。

私たちが、古本屋をしていなかったら、その名前にさえ出会わずにいたかもしれない、詩集であり、詩人だった。郷土の生んだ、文学史に残る詩人なのに。

池皐雨郎に限らず、古本屋という仕事のお陰で、古今東西、様々なジャンルの人々に出会い、教えられる。

☆

旭駅前通りでは、店以外に互いに、ちょっとしたアルバイトをしながら、三年続いた。

神田のように、古本屋は集中している方がいいのではないかと考え、ちょうど、高知の古本屋の老舗、井上書店と電車道を隔てた所、中島町に見つかった店舗を借りることにした。

家賃は、旭駅前通りの三倍だった。

大丈夫かな、とまず不安があったが、売り上げも家賃に添ったもので、素人商人の私たちはヘンに感心したことだった。

家賃が大きくなると、諸経費もかさみ、家族がふえたりで、生活もなかなか楽にならない。

月末になると、井上書店に本を持っていっては、家賃をこしらえた。この本は自分の店で売りたい、そんな本を選んで井上さんに買ってもらった。それが私たちの感謝の気持ちだった。何年かたって、やっと井上書店に家賃のお世話にならずに、年を越せた時、私は店を閉めた後で、井上書店へお礼を申し上げたことだった。

「おかげさまで、なんとか年が越せそうです。ありがとうございました」

大奥様が店番をしていらっしゃいましたが、私は心からお礼を述べたのだった。

先代の店主、井上正理氏は、タンポポ書店の二、三軒東にあった宮崎内科に定期的に通院していて、気分のいい日は、私の店にも寄って下さった。

「同業のお店には、気軽に寄せてもらえんものやけど、お宅へは、そんな気遣いはしません」

私はうれしかった。

開店前に、潮の具合がいい時、鏡川でシジミを採った。四十年代はきれいなシジミが、潮江橋《うしおえばし》付近でも採れた。いつだったか、井上さんにそのシジミを差し上げて、喜んで頂いた。

現在の店主、真一氏の結婚披露宴の時も、私は忘れられない。

最初に定められた日は正理氏の体調が悪く、延期して、三翠園で執り行われた。

披露宴の正理氏は、車いすだったが、お元気になられたことがうれしかった。

ひとりでに涙があふれて、隣の席に座っていたガリ版印刷業の石津泰彦氏に、不審に思われたほどだった。

その時の井上正理氏が、私の見た最後のお姿となった。

出会い　上

「お母さん、玄関の傘立てにある木、捨てんと置いといて、僕が剣山の頂上まで、あの杖で登ったがやき」

まだ独身だった長男が、友人と剣山へ登った時のことだった。それをとなりの部屋で聞いていた夫が出て来て、すかさず言ったものである。

「希一朗は剣山で、あんな枯れ枝を拾って来たつか、お父さんは、剣山でお母さんを拾って来たのに」

☆

夫の片岡に私が出会ったのは、剣山だった。当時彼は、アルバイト先の営林署の人たちと四人で、私たちは親友のＦと、彼女の友人で法政に在学中のＩと三人連れの登山だった。

私たちは徳島市から、徳島本線で貞光駅《さだみつ》へ下り、剣山へ向かった。一方営林署組は、私たちより遅れて阿波池田から貞光駅に下り、途中で私たちを追い越して登っていった。道を譲った時、彼らのだれかが下げていた携帯ラジオは、甲子園の高校野球の熱戦を伝えていた。夏の真ん中、暑い暑い日だった。

Fと私が疲れてシンドイ、シンドイと愚痴るので、法政ボーイのIは、いや気がさしたらしい。いやがらせにどこかへ隠れた。「Iさーん、Iさーん」心細くなった二人は大声で呼んだ。

現在の真夏の剣山は、かなり上まで車が走り、人通りが多いと聞いているけれど、昭和三十年代は、道も細く山は静かで、他に山へ登る人もいなかった。

その時、先に追い越して行った、青年四人組の一人が後戻りして、

「道に迷ったのですか」

と親切に聞いてくれた。

それが片岡だった。

その夜は、山の八合目ぐらいの所にあったお堂のような所で、雑魚寝。

翌朝、日の出を拝むべく登った頂上で、また四人組と出会った。一緒に記念写

真を撮ってから、尾根づたいに行く彼らと別れ、私たちは下山した。

山での記念写真を送ってくれたのも、片岡だった。

☆

私は尼崎にある、M製菓会社の塚口工場で働いていた。高校へ行けなかったので、なるべく家から遠くへ離れようと思って、縁故就職したのだった。

ある時、阪急デパートの書籍売場で、「詩学」という雑誌を見つけた。昭和二十七年ごろのことである。

「詩学」で中村稔の「凧」という詩を読んで感動した。これが現代詩か。私にも書けるのではと思った。

工場の労働組合の掲示板に、時々文化サークルの掲示があり、ゲストに詩人小野十三郎が招かれていることがあった。

それまで、私の詩人像は、いつも失恋の歌を作っている軟弱な人間であった。組合の掲示板に再々登場する詩人とはどんな人間だろう。中村稔の「凧」という詩にしても、詩人は特別な人間ではなく、案外近い存在かもしれない。不遜にも十代の私はそんなふうに思っていた。

それからずっと「詩学」の読者になった。

☆

片岡はそのころ、伊藤大さんと、「漕役囚」という同人雑誌を刊していて、その雑誌の紹介が「詩学」に出ていた。

剣山の記念写真を送ってくれた人物と、「漕役囚」の発行人が所も名前も同じなのでびっくりして、私は手紙を書いた。

「文字も作品ですから、下手でも、もう少し丁寧に書きなさい」。彼も、剣山での出会いに驚いたあとに、こんなことを書いた手紙をくれた。

出会い　下

私は字が下手で、若いときはさらに悪筆で、ずっと劣等感をもっている。

M製菓塚口工場で働いていた時、神戸新聞主催の兵庫県六都市文芸祭があった。俳人の伊丹三樹彦氏は、阪急塚口で古書店「伊丹文庫」を開いていた。私は通りがかりによくお店を覗いていて、いつの間にか、親しくさせて頂いていた。

伊丹氏は、俳句部門の選者の一人だったが、私に、詩の部門に応募するように勧めて下さった。

詩の選者は、富田砕花、竹中郁、喜志邦三、杉山平一の諸氏だったと思う。現在、杉山氏以外は故人になられた。

私の応募作品「漁夫のうた」が一席になった。

その後、神戸の「月曜日」という詩誌の同人になって、初めて杉山氏に会った。文芸祭の私の作品が話題になって、選者の一人だった杉山氏はおっしゃった。

「作品のわりに、文字が稚拙で、盗作ではないかと思って、私は取りませんでした」

私の字は稚拙な上に悪筆なので、私は、読むのは好きだったけれど、書くことは嫌いだった。書かざるを得ぬ場合は、早く嫌いなことから逃げだそうと思って書くので、悪筆がいよいよ悪筆になった。

「文字も作品ですから、下手でも、もう少し丁寧に書きなさい」

片岡に最初にもらった手紙の末尾のこの言葉に、私は大変納得した。〝文字にも心を込めよ〟ということなのだった。

中学卒業以来、F先生に教わった岩波文庫が、私の先生とばかり、自分で求めて、自分で咀嚼し、回りからひとり取り残されていく焦燥感を、自分で打ち消し、打ち消ししていた。

片岡との出会いは、私だけの先生が現れたような感じだった。せっせと手紙の交換が始まった。

私たちは昭和三十五年結婚したが、剣山で初めて出会ってから、そこに至るまで、三年という時間が必要だった。

☆

兵庫県六都市文芸祭の授賞式の時、詩人の喜志邦三氏の講演があった。会場は、落成したばかりの、尼崎文化会館だった。後に東京都知事選に出馬した阪本勝氏が知事で、壇上に登るなり、マイクに向かっての発声は、「後ろの方よく聞こえますか、反響しませんか」。会場の皆さんに問いかけてからあいさつされた。阪本氏が名知事と名を馳せていた片鱗を見たように思った。

喜志邦三氏は、カール・サンドバーグの詩を例に挙げて、詩の時間性と空間性のバランスについて話された。

それまで私は、無知ながら〈もの〉と〈こと〉という認識で詩を書いていたので、〈時間〉と〈空間〉という言葉が新鮮に輝いて、私の中に届いたことが忘れられない。

☆

字が下手なことが、いつも頭にあって、書かなくてはならない手紙も、つい書きそびれて、失礼を重ねてしまう。

最初に下手を指摘されたことで、彼への手紙は、下手を気にせず書くことができた。

そのころの片岡の字は、小さくまるっこいような字だった。うまいとは言い難い。

室生犀星をまねていたのかもしれない。

いつの間にか、私も似たような字を書いていて、二人が一字ずつ交互に書いた葉書を母に出した。母は全く気がつかなかった。

小さくまるっこい字は、彼の青春時代だけの文字で、晩年の文字は、慈しみながら書くような、やさしい字で、いい味わいの文字だった。

よく川谷尚亭の書の本を開いて、愛用の唐机の前に正座して見ていた。用があっても、声を掛けるのも憚られる雰囲気だった。

伊丹文庫

自分が古本屋になってから、古本屋をのぞくこともめったになくなった。時間がないこともあるが、同じ町の同業の店はのぞきにくい。この仕事を始める前から、古本屋の前は素通りできなかったぐらいだから、私は、古本屋を始めて自分の楽しみを、ひとつ失った。

十代のころ尼崎のM製菓で働いていた。

時間が十分あって、事務所勤務の先輩のYさんが、英会話教室に私を誘ってくれた。私も何かしなくてはと、一人取り残される焦燥感を持ちながら、何をどうすればいいかも分からずにいた時なので、すぐ話に乗った。

先生は、米軍の通訳をしていたという、五十歳前後の品のいい紳士だった。

阪急電車沿線に建った、教室が一つだけあるバラックだった。まだ戦後の風景が色濃く残っていた時代だった。

そのころ評判だった、イングリッド・バーグマンの映画『凱旋門』がテキストだった。

多分先生は、私たちよりも映画が好きだったかもしれない。私たちの調子はずれの発音などお構いなしで、一人シャールル・ボワイエのつもりで、どんどん進んでいく。冴えないYさんと私のバーグマンは、付いていけなくてやめてしまった。

英会話の教室へ行く途中に、伊丹文庫があった。阪急塚口南駅近く、店の東側入り口から入って、店の棚を一巡して西へ出た。私は貧しく、伊丹文庫の良い客ではなかったが、いつも、道路を通るように、古本屋の中を通り、棚の本を眺めて通り抜けていた。そのうちに店主の伊丹三樹彦氏に、親しく言葉をかけて頂くようになっていた。

伊丹文庫は「青玄」という俳句雑誌の発行所で、伊丹氏は店主であり、その編集者でもあることが分かった。公子夫人ともども俳句作家でもあった。

業卒《お》へて無帽なり春の大道に　　三樹彦

そのころ伺った氏の若き日のお作で、私の好きな一句。再々お店に顔を出す私に、

「一度、青玄句会にいらっしゃい」

こわいもの知らずの十代、何度かお邪魔した。私は最年少者だった。その頃の一句。

異郷なり花火売る店素通りす　　芹子

伊丹氏が、折角下さった俳号芹子は、以後休業のままである。

十年ぐらい前に、神戸で友人に会う事があった。その帰途に塚口駅に下車して、伊丹文庫を訪ねた。

元の場所近くの大きなビルの中に、伊丹文庫はあった。伊丹夫妻のお姿はなく、お嬢さんの啓子ちゃんか、なぎちゃんのご主人かと思われる人が、店を切り盛りしていた。

片岡へ土産に、室生犀星の随筆集『誰が屋根の下』を買って伊丹文庫を出た。

伊丹文庫は廃業したと、西宮の友人に昨年聞いた。

桂信子氏、河野閑子《かんし》、寿子夫妻、先日新聞に訃報が載っていた林田紀音夫《きねお》氏などに、伊丹文庫によって出会うことができたが、私は幼くて、深く関わる事がなかった。現「春燈」同人の河野夫妻には閑子氏亡き後も、寿子夫人にお付き合い頂いている。

私は二十五歳の時、詩集『ありあ』を作ったが、「青玄」同人五十嵐研三氏に印刷をお願いしたことだった。

「大原富枝文学館」で伊丹三樹彦氏の、俳句と写真を組み合わせた展覧会があった。

去年桜の季節だった。お髭を蓄えられた伊丹氏の近影を拝見できた。

　兼山が展げる絵地図石楠花咲く　　　　三樹彦

私が店のなかで、ごみのような古本のなかにいる写真が新聞に載った。佐川在住の「青玄」同人、たむらちせい氏は、そのコピーを送ったらしい。

「かつての伊丹文庫そっくりだ」と伊丹氏からの葉書が届いた。

私は、教えられたのでもないけれど、いつの間にか、カウンターの廻りは、ごみの山のようになってしまう。伊丹文庫というお手本があったことに納得した。

恩師

昭和二十五年度、山形県堀内中学校卒業生の私たちは、渋谷の某所に集合。マイクロバスで那須塩原温泉へ行き、合同の還暦祝いをした。

東京周辺在住の同級生、数人が幹事役で、私は遠路高知から出掛け、お客様のような存在だった。もう一人遠来の客は、北海道旭川からのMちゃんだった。彼女と私は、生まれた時から隣同士で、二人とも家庭科のお裁縫が大嫌いだった。

運針の時、長い長い糸にして、もつれさせ、一時間の家庭科の時間は、もつれた糸のまま終わってしまうのだった。

「長い長い糸で運針をする人は、遠くへお嫁に行きます」と先生はおっしゃった。

一人は北へ、一人は南へ、家庭科の先生は二人の将来を、本当にお見通しだったと、同級会の度にそのことを思い出す。

四十名学級で、すでに二人が亡くなっていた。出席者は、半数の二十名、担任のF先生は東京在住で駆けつけて下さった。

幹事の人たちが準備した、紙布の赤いちゃんちゃんこを着て、順番に歌う者、踊る者。何十年ぶりに会っても、たちまちその空白は埋まった。

私の番になった。先生に、私はお礼を申し上げるいい機会だと思った。

「私は古本屋をしております。父が亡くなって姉も女学校を中退し、私は高校へ進学できませんでした。卒業間近くなり、いよいよ進学は無理と分かった時、私の前途は閉ざされたような気持ちでした。そんな暗い思いでいた私に、先生はおっしゃいました。

〝お前は何のために高校へ行きたいのか〟〝高校へ行かなくても勉強はできる。本を読みなさい。岩波文庫の後ろのページに、世界の古典の目録が出ている。あれを全部読んだら高校卒、いや大学卒にだって負けない〟

先生は教えてくださいました。私は岩波文庫の目録全部は、とても読めませんでしたけれど、岩波文庫を手にした時は、目録まで読んで、古典と言われる本の名前を覚えました。古本屋をやってこられたのは、先生にあの時教えて頂いた、岩波文庫のおかげです。先生ありがとうございました」

先生は、卒業間際に、読み終わった本だからと、ゴーリキーの『どん底』の岩波文庫を下さった。

「自分は、この中のルカの台詞が気に入っているんだ」というコメント付きだった。

長々と自分のことを書いたが、先生のあの一言で出合った岩波文庫。戦後まもなく、今のように本が溢れている時代ではなかった。本によらず、紙に印刷されている文字は、すべて貴いものだった。

☆

国民学校（小学校）へ入学したばかりのころ、新聞をまたいで、父に火ばしですねをしたたかにたたかれた記憶がある。

今、新聞を取っていない家庭はないが、昭和十七、八年ごろ、私の村では、新聞を取っている家はまれで、その新聞も、一日遅れで配達になるものだった。

同級生のKさんのお父さんと、父はやはり同級生で、兄のように、Kさんのお兄さんも出征していた。父は、家で読んだ後の新聞を、戦況を知らせるために、

Kさんのお父さんに届けていた。学校で私がKさんに、一日遅れの新聞をさらに一日遅れて手渡ししていた。

☆

何か事件が起こると、何時間も待たずに、日本中と言わず、世界中にニュースとなって流れ、それが何の不思議もなく、普通のこととして享受されている現代。私は、本や新聞を、頂いたり手渡したりして、一緒に心も頂いたり、手渡したりしていたことに気づかされる。

文学はだから貴いのだと。

愛読書

子供も大切な労働力だった、私の子供のころ。田植えや、秋の収穫時はむろん、夕方など、村のあちこちに集まって、子供が遊んでいる時も、親に言いつけられていた時分になると、水くみとか、家の近くの畑からナスやキュウリなど、ゆうげの食材を採ってくるなど、子供にできる仕事は普通のこととしてだれでも手伝った。

家では、背中がまあるく曲がった祖母がいて、家のなかを仕切っていたから、私はそんなに手伝わなくてもよかった気がする。

それでも時により、どこそこの家にこれを届けてくれとか、ちょっとした用事を言いつけられた。

「今、本読んでるもん」

「すかだねえなあ（仕方ないねえ）」

祖母は文字が読めなかった。そんなせいもあったか、読んでいるものが「家の光」であろうと、何か読んでいる時は、強いて用事を言いつけなかった。祖母は、読めなかったがゆえに、何でも〝読む〟ことを大切に見ていてくれた。私が本好きになったことには、そんな祖母の存在を思わずにいられない。

しかし、山村のその時代、身近にそんなに本や雑誌があったわけではない。学校にも村にも図書館はなかった。私は、自由に自分の好きな本が借りられる、図書館という存在すら知らなかった。

☆

ある時、同級生のT君の家に行って、立派な本棚があり、本がぎっしり並んでいるのにびっくりした。後に、T君のお父さんは、私たちが中学生のころ村長さんだったから、青年時代は大学か専門学校で勉強なさったのだろうと思う。

本棚の中に、私にも読めそうな本があった。講談本だった。当時の本は漢字に仮名がふってあった。T君に「この本貸して」と頼んだ。

「お父さんに分かったら怒られる」

「外の箱を棚に並べて置いて本だけ貸して」

とっさに私は思いついて言った。

『甲斐の天佑』『お伝地獄』。もう忘れたけれど、訳も分からず面白くて、中身の本だけ借りては返し、借りては返しして、読ませてもらったことだった。

デュマの『巌窟王』やユーゴーの『ああ無情』は、登場人物は日本名で、日本の物語として私は読んだ。古本屋をやるうちに、黒岩涙香が、日本風に翻訳していることを知った。T君のお父さんの本がそれだったに違いない。

T君のお父さんの本棚は、私の図書館だった。

いつの日にか、その本に、自分の店で出合いたいものと思うが、開業以来三十余年にもなるのに、いまだにその機会に恵まれない。

☆

そのころわが家にあった一冊の辞書も愛読書だった。

『新撰漢和辞典』増訂版。宇野哲人・長沢規矩也編、三省堂、昭和十五年、増訂百二十版である。

兄が皆出席の副賞として、高等科を卒業する時頂いた辞書だった。紙の質も悪く、大分ぼろぼろになっているが、兄が出征する時に私がもらって今も手元にある。

「キング」や「家の光」などの小島政二郎や川口松太郎の大人の小説も、こっそり読んでいて、〝接吻〟という言葉もこの辞書で知った。漢和なのにキッスと和英のおまけも付いていた。

冬、吹雪の日は外へも遊びに行けないので、こたつにもぐって、ひっくり返しひっくり返し辞書を見た。

読書と同じ密度で私の中にある。

ばんちゃん

祖母と一緒に寝ている時も、よく昔話を聞いた。祖母のことを、家ではばんちゃんと呼んでいた。

ばんちゃんの温かい布団の中で聞いた、冬の夜の昔話は、今思えば夢の中の出来事のように、得難く、懐かしい。

昼間の疲れで、ばんちゃんの昔話はしばしば途切れ「それからなあ、それからなあ――」を繰り返すうちに、私もいつの間にか眠ってしまうのだった。

結婚して、私に娘が生まれ、昔話をせがむようになった。ばんちゃんに、たくさん聞いた昔話を、今度は私が娘にしてやろうと思った。

「へびの伊勢参り」。ストーリーらしいものは何もない。「今日もにょろにょろ、明日もにょろにょろ――」。にょろにょろに抑揚と変化をつけて繰り返すうちに、娘は眠ってしまう。

「猿婿」は何度聞いても、猿がかわいそうで私は涙が出るのだった。

昔話は、地方によって多少変化しているが、ばんちゃんの「猿婿」は「とんとむかすあったけど」で始まる。百姓が山田に行くと、大きな石が山から転がってきて、田の水口をふさいでいた。

「だれかこの大きな石をのけて、田に水が流れるようにしてくれたら、三人いる娘の一人を嫁にやってもいいが」とひとり言を言う。

そこへ猿がきて、その大きな石をのけて、田に水が流れるようにしてくれる。百姓は、約束だから猿に娘を嫁にやらなければならない。上のふたりの娘は、猿の嫁にはならないと言う。百姓は困って、病気になってしまう。そこで末の娘は、私が猿の嫁になる、と言ってお父さんを安心させる。

猿に嫁入りした末娘は、里帰りの時、お父さんはおもちが好きだから、とおもちをついてお土産にする。

猿がおもちを重箱に入れていこうと言うと、末娘は、お父さんは重箱臭いと言うからだめだと言う。猿婿は、それならお櫃に入れていこうと言うと、お櫃臭いと言うからだめだと言う。

猿婿は、そんなら臼ごと背負って行こう、と言って、つきたてのおもちのはいった臼を背負って、山道を行くと、崖に桜が咲いている。お父さんは桜が大好きだと娘が言うので、猿婿は、臼を背中から下ろして、花を取ってこようとする。娘は、臼を地べたへ置いたら、おもちが土臭いと言って、お父さんは食べないと言う。猿婿は仕方なく、臼を背負ったまま、崖に咲く桜の花を取ろうとして、臼ごと谷川に落ちて、流れてしまう。

ばんちゃんの猿婿は、辞世の歌を詠んでいる。

――猿沢に流れるわが身惜しくなけれども　後に残れる姫や泣くらん――

今思えば、辞世の歌は、ばんちゃんの創作だったのではないかと思う。とにかくばんちゃんの「猿婿」は、猿の辞世の歌を哀れっぽく詠んでおしまいだった。

昔話にはおしまいの言葉があった。

――どんべ　すかんこ　さるまなく　さるのまなくさ　けがはえって　けんけん　けぬきでぬいたでば　めんめん　めっこに　なりました――

「猿婿」のお話に限らず、昔話の終わりに、歌うように抑揚をつけて、おしまいの言葉を唱えた。意味不明のおしまいの言葉を、私も唱和した。そしてこれをやらなくては気が済まなかった。

いざ自分が娘に話してやることになると、次のお話が浮かんでこない。関敬吾の岩波文庫『日本の昔ばなし』を開くと、多少話は違っていても、ほとんど、ばんちゃんに聞いたお話だった。驚いた。

ばんちゃんは字が読めなかったが故に、記憶力が優れていたのかもしれない。

ばんちゃんは、私が本に近づいていく、道づくりをしてくれたのだった。

昔話

祖母は昔話をたくさん知っていた。冬いろり端で、となりのMちゃんとよく昔話を聞かせてもらった。

「むがす、かだてけろ（話してくれ）」と言ってせがんだ。

祖母の友達のおばあさんは一人暮らしだった。このおばあさんには、今の十円硬貨に似た一銭をもらって、昔話を聞いた。

「めんごめんご（可愛い子、可愛い子）一銭やるさけ、はなすこ（昔話）を聞いてけろ（聞いてください）」と言うのが常だった。

一人暮らしの老人は、今は珍しくないが、六、七人家族が普通だった時代、このおばあさんの一人暮らしは珍しかった。

お話を聞くほうが、お金をあげるべきなのに、私たちはお金をもらって昔話を聞いた。

都会で働いている息子か娘の仕送りによる、決して豊かな暮らしでもないのに、お金をやってでも、自分の昔話を聞いて欲しかったのだった。

そのおばあさんの孤独感に、私もその年齢に近づいて気づいている。

長男が中学生の時、好きな本、というアンケートに、長崎源之助作『ゲンのいた谷』をあげていた。

それは、小学校低学年のころ、保育園の次男と一緒に、夜、寝床に入ってから私が読んでやった本だった。私はそんなにたくさん子供に本を読んでやれなかった。たまに読んでやったから、長男には好ましく印象に残っていたのかもしれない。

私が祖母や近所のおばあさんに、昔話を聞いて味わった、得難い、温かく懐かしい思いの、万分の一でも息子たちが味わってくれたかと、すこし安らいだのだった。

☆

長男と次男は、「タンポポ書店」が中ノ橋、つまり昔の中島町に移ってから生まれた。

夕方の保育園へのお迎えは、父と母や小学生の娘がやってくれた。子供が三人になって、夫はアルバイトで長距離のトラックに乗ることにした。

子供たちが眠っている間に、夫は家を出て、また眠っている時に帰宅するうちに、三日ぐらい子供たちが父親を見ないことがあった。たまに子供たちが起きている時に帰宅すると、「おとうさんが来た」と言って子供たちが喜び、夫は苦笑した。しばらくぶりに見る父親は、子供たちには「帰った」より「来た」がぴったりだったのだろう。

長距離から松山高知の定期便になって、私が店を閉めて帰宅の途中、上町《かみまち》二丁目から旭までの一キロほどの間で、松山から帰る夫のトラックと、電車道を隔てて、自転車で西向きに走る私と行き違う時があった。

「今日帰りがけに面白いものを見たよ。懐かしい人間のようやなあと思ったら、家の女房じゃった。一所懸命西向いて走りよった」

夫のトラックと行き違うことを、私は始めのころ気づかなかったが、そのうち、「今日五丁目でね、二枚目のトラックの運ちゃんに手を振ったけど、無視されて悔しかったわ」

二人で遅い晩御飯を食べながら、こんな会話をするようになった。時間はほとんど一定していて、毎日のように互いに手を上げたり、ちょっと振ってみたりして行き違っていた。

「小型のテープ・レコーダーを首に掛けていたら、もっと詩ができていると思う。車で走っている時にメモしたい時がある」と夫は言っていた。アルバイトのつもりで乗ったトラックだったが、十年余り乗ることになったのだった。

古本屋という二足の草鞋を履いて。

「タンポポ」のタンポポ

地名は中島町七二番地だが、通称、中ノ橋と言っていた。中ノ橋電停があった。井上書店から電車道を隔てた、中田葬儀社の南向かいに店はあった。二番目の長男はこの店に移ってから生まれた。十坪ほどの店で、奥に二畳の仕切った間があった。

赤ん坊のベッドを置き、そこに寝かせたり、おぶったりして店番をした。おぶって外の通りの方に向かって歩くと、赤ん坊は手足全体をばたばたして喜んだ。反対に、通りの方から店の中へ向かうと、体を弓のように反らして、嫌がった。

こんな小さなころから、家の中よりも、外の変化のあるほうがいいのか、と思ったものだった。

座るようになったころ、カウンターの机の下に、段ボール箱に毛布を敷いて、子犬のように赤ん坊をそこに入れて店番をした。

新潟出身で高知大学で学んだ、知人の学友が、学会があって、しばらくぶりに来高したおり、在学中の諸々の思い出話の中で、

「タンポポ書店の奥さんは、元気でしょうか。赤ん坊を段ボールに入れて店番をしていたね」

と言っていた、という話を聞いた。

よほど印象深く彼の中にあったものだろう。

彼は、タンポポのように思えてならない。新潟から高知へ飛んできて、また新潟へ飛んで帰って根づいているタンポポ。

残念なことに、私は彼がどんな本を買ってくれたのか記憶にない。

☆

移転したばかりのころは、朝九時から夜九時まで、年中無休だった。旭の両親の家に同居していたから、それができた。

子供たちが小学校へ上がって、「お母さんの店、いつお休みなが」と聞く。

親の休みの日を、子供が待ってくれる間は、日曜日だけは一緒に休むことにしようと、日曜休業にした。

三人目の末の子が、中学を卒業するまで、日曜休業が続いた。

また別の元高知大学生が、知人と「タンポポ」のうわさをして、このごろは日曜休業だと言ったら、年中無休の「タンポポ」は堕落した、と嘆いていたと言う。堕落には当たらない、と抗う気持ちより、「タンポポ」を思っていてくれた心に私は胸が熱くなった。

彼は、どんな種を持って、どこへ飛んでいったタンポポだったろうか。

先の話をしてくれた知人さえ、めったに出会うことのないこのごろ、彼は何処で咲いているタンポポなのか。

☆

伊藤大輔の『幕末』の招待試写会があった。ラッキーなことに、その日夫はアルバイトもなく、私は夕方から店番する夫に、子供も預けて、試写会に出掛けた。

土佐が背景で、龍馬がヒーローの映画とあって、どこよりも早く、高知が試写の会場なのだという。

監督の伊藤大輔、龍馬役の中村錦之助、おりょう役の吉永小百合が制作側、迎える土佐藩からは、知事の溝渕増巳、高知新聞社の福田義郎、郷土史家の平尾道雄の三氏。

司会は、現、坂本龍馬記念館長小椋克己氏、だったと記憶する。

制作側と地元側それぞれスピーチがあって、試写会のセレモニーが終わった。

司会の小椋氏。

「それでは、壇上の皆さんで握手をして、試写会に移ることにしましょう」

土佐藩代表の三人の侍は、一斉に吉永小百合に握手を求めて近づいた。あの物静かな紳士の平尾氏さえも。会場は爆笑した。大監督の伊藤大輔、名優錦之助といえども、美人の若い女優吉永小百合には敵わない。三氏の素直な心の現れは、微笑ましい光景だった。

貧しく多忙な中にも、私なりのオアシスを見つけていた明け暮れだった。

映画『雲がちぎれる時』

映画のことで思い出すことがある。

夫が中村警察署の警官だったころ、まだ古本屋になろうなどとは、考えてもなかった時のこと、昭和三十五、六年の話。

田宮虎彦の小説が映画化されることになった。『異母兄弟』なども映画になって、田宮虎彦の小説は人気があった。

五所平之助監督、松竹映画『雲がちぎれる時』のロケ隊が、中村に来た。サンデー毎日に連載になった『赤い椿の花』が原作で、映画のロケでは、中村市から土佐清水市へ行く途中の道の難所、伊豆田でバスの転落事故が起こる（現在はトンネルになっていると聞いた）。

運転手は亡くなるが、車掌の女性は、運転手がかばって、彼の腕のなかで助かる。運転手は、当時の人気スター佐田啓二、車掌は、倍賞千恵子。彼女はこの時新人で、『斑女』『水溜り』という映画に次いで、三作目の出演だったという。

ロケ隊が来た当日、非番だった警官の何人かが、エキストラに雇われて、映画の中の事故処理に当たることになった。

夫は、転落したバスの中から、倍賞千恵子を抱きあげて救け出す、非常に光栄な、得な役柄だったらしい。

凝り性の五所監督は、微妙な陽の光や、角度の問題で、何度も何度もテストを繰り返す。その都度夫は、スターの倍賞さんを抱くことができたのだと、大満足で話してくれた。

繰り返すテストの間、死んでいるはずの佐田啓二は、鼻唄をうたって死んでいたのだと言う。

「不まじめな気がしたね」と夫は言った。

夢のスクリーンの裏話として、面白く、大変リアルに聞いたのだった。

結婚したばかりの頃、よく小さな喧嘩をした。当時中村高校の教師だった、夫の兄文雄夫婦と、家主さんの岡村憲治さんご夫婦ぐらいしか、私の知人は無く、生活環境が変わったことがストレスになっていたと思う。

「映画を観に行こう」と彼は言う。映画の好きな私に、一番仲直りの言葉として有効なのだった。そのころ観たので市川雷蔵の『大菩薩峠』は忘れられない。娯楽的なものは映画しかない時代だった。

いよいよ『雲がちぎれる時』が封切られることになって、夫がエキストラ出演していることを知らせ、親しい人や近所の人と観に行った。

スクリーンで見る夫に、私は大いに興味を持っていた。けれども肝心の倍賞千恵子が救出される場面で、夫のものかと思われる、手と腕が映っただけで、チラッとも夫の姿らしいものは見えない。そして映画は終わった。

誘い合わせて、映画を観て下さった人たちには、なんともお気の毒なことだった。次のシーンに出るか、次のシーンかという期待がはぐらかされて、やたらにおかしくてならなかった。

「あれだけ繰り返し繰り返し撮ったのだからチラッとぐらいは映っているかと思った」

夫はてれながら言った。

郷里の山形へも、映画のことを知らせてやっていた。姪から手紙が来た。

――せっかくなのに後ろ姿でなく、前から撮ってくれたら良かったのに、残念だった――と書いてあった。

エキストラの同僚が立っている、遠景の後ろ姿がワンカットあった。背の高い警官だったから、片岡と思ったらしい。

別人の後ろ姿に片岡を見てくれた姪に、私は訂正することができなかった。

たとえ手と腕だけだったとしても、夫には生涯一度だけの映画出演なのだった。

万引の話

古本屋を始めたばかりのころ、夫が万引をつかまえた。中学生の男の子だった。姓名、住所、学校、担任の先生などを聞いてから、「どこの店でも、二度とこんなことをやってはいかん」と諭して帰した。

担任の先生が、たまたま片岡の友人Mだった。なにかの折りにMに会った時、尋ねた。

「○○という生徒がクラスにいるかね」

「おらん」

「担任はM先生と言ったがね」

店での出来事をMに話した。

それから二人は不審に思い、用をつくって、片岡はMの学校へ行った。

問題の生徒は、Mのクラスにいて、後で、Mが生徒にいろいろただしたら、片岡に答えたことは、担任の名前以外は全部でたらめなのだった。

たった一つ真実のことを答えた。それがたまたま片岡の友人だった。この不思議。

この生徒は、二度とこんなことをしないだろう。と、私たちは話し合ったことだった。

☆

古本屋をやっていて、一つだけ嫌なことがある。先の話のように、お客様に、悪いことをさせないように、こちらが気をつけて見なければならないことだ。

そうした心でお客様を見る、それが一番嫌なことだ。

お客様全部を、そんなふうに見る訳ではない。

勘で、気をつけなければならないお客様がいる。

そんな時、気をつけていますよ、というサインを送る。事そこに至れば、こちらにも責任がある。未然にふせぎたい。

言葉がむずかしい。

相手を傷つけず、こちらも言って後味が悪いのも困る。そして、肝心なことを、相手に理解してもらわなくてはならない。

この場合、言葉は、音声や視線ばかりではなく、相手にもよるし、ケース・バイ・ケースとしか言えない。

運良くというか、悪くというか、その現場が見つかった時、「ごめんなさい」とか「すみません」と言う人は、昔はいた。

今は、ゲーム感覚でやるせいか、罪悪感が無いらしい。「ついちょらん（ついてない）」とか「ちぇっ」が多い。古本の場合、万引は、昔より今は少なくなったと、私は喜んでいる。

☆

日によっても違うけれど、お客様の出入りが多い時間帯と、途切れる時間帯がある。

その暇な時に、きちんとした背広の、背の高い青年が店に入ってきた。私は、お客様の眺めている棚から離れた棚の整理をしていた。

一人でもお客様がいらっしゃるのに、あまり動いても悪いと思い、そこそこにして、カウンターに入ろうとしたら、にわかに青年のお客様が私の手に白い封筒を押しつけて出て行った。

一瞬のことで、私はぼうっとして、それでも〝つけぶみ〟などという言葉が浮かんだりして、「なんてあわて者の青年だろう。こんなおばさんに」と思いながら、店に誰もいなかったので、封を切った。

便せんに包んだ千円札が二枚出てきた。便せんには次のようなことが書いてあった。

「名前は名乗りませんが、高校生の時、この店から黙って本を持って行きました。この春就職して、初めて給料をもらいました。その時の本代です。すみませんでした」

私は〝つけぶみ〟をされた経験などないので、やたらにぼうっとしたけれど、何か気の利いた言葉をかけてあげられなかったことが悔やまれた。「ありがとう」の一言でいいのに。

来客名簿

店内を一回りして、一抱えの推理小説、漫画の週刊誌をカウンターにどさっと置いた。

「いくらですか」

中年のがっちりした男性だった。

「いくらですか」の短い言葉から、私は故郷山形のイントネーションを聞き取った。

「船の方ですか」という問いに、こっくりうなずいて、重ねて「どちらの船ですか」という私に、

「室戸」

とだけ言った。

私は一方的な会話中にも、計算をして、本の大きな包みをこしらえた。それを

お渡しする時、

「失礼ですけど、お客様は東北の方ではありませんか」

今度はちょっとにっこりして、また、こっくりをした。

「やっぱりそうでしたか、私は里が山形です。お客様は東北の方のように思いました」

「新庄だ」

「あらっ、私は新庄からバスで二十分ぐらい行った、最上川のほとりです」

不思議な気がした。

生まれ育った所の言葉のなまりが、たった、五、六音の言葉からこぼれてくるとは。

これは、昭和四十年代、店が中ノ橋にあった時のこと。

そのころは遠洋漁業の船員さんが、出航前に本や雑誌を買いにきてくれた。

なかには、船員さんの行きつけの、料亭の仲居さんや、バーのママさんなども、差し入れに、段ボールで買って下さった。

先日やはりお得意さんの船員さんに差し入れしていたバーのマスターが言って

いた。

「このごろ船員さんも、皆ビデオになったね。しょう高うつくわ」

新庄の男性は、船籍が室戸にある船に乗っていたのだろう。

ながい洋上の生活に読む物を買いに来た店で、自分の郷里近くの人間との出会いは思いがけないことだったに違いない。

☆

本を売り買いする。お金を払って、本を受け取る。これだけの所作に、人によってさまざまな特徴がある。まさに十人十色である。

私は自転車で店に通っているけれど、雨の日や、時によって電車に乗ることもある。

そんな時、旧知の人に会ったように、にこにこして向かい合った席から会釈する人がいる。反射的に私も会釈を返すけれど、私には相手に心当たりがなく、気持ちが中ぶらり。

電車を下りるまで、どこで見かけるお顔なのか、記憶の手帳を頭の中で繰ってみる。分からない。

そのうち、彼女が下りる停留所が近づいたらしく、立ち上がって、「では」というように私に微笑んでくれた。

私はなおも、彼女の後ろ姿に目が離せなくて見ていると、切符を回収する箱に入れる時、運転手に頭をかしげて下りていった。

分かった。サマセット・モームの文庫本をいつも買っていく娘さんだと気がついた。

さっさと本を包んで、さっさとおつりを渡すのが一つのサービスだと思っているので、まじまじとお客様を見ることはない。

自分が包んだ本と、受け取ってくれた時の所作で、お客様を判別していることが多い。名前と人物が一致しているお客様はほんの一握り。

しかし何かしら人それぞれに特徴があって、永い間に、私だけにしか読めない、来客名簿が私の中にある。

お客様の名前を覚えることは大切なサービスではあるけれど、なにかきっかけがなければ、他人様の名前は尋ねにくい。

スーパーでレジに並んでいる時にも、声を掛けて下さる人がいる。その声で瞬間的に分かるお客様。

「わたなべまさこ、なぁい」のミセスだ。

出会った場所が違えば、名簿は混乱する。

署名本

片岡がまだ中村警察署に勤務していた時。むろん古本屋になろうなどとも考えていなかったころ、作家の上林暁氏と大原富枝氏にお会いしたことがある。

両氏のどちらかの、ご家族のまつりごとかなにかを兼ねた、取材旅行だったのかもしれない。

昭和三十四年上林氏は、芸術選奨文部大臣賞を受賞し、大原氏は、三十五年、毎日出版文化賞、野間文芸賞を受賞している。上林氏は、三十三年『春の坂』、大原氏は三十五年『婉という女』を刊行、それが各賞の対象になったように思う。

当時の中村図書館長、山崎進氏は、上林氏と旧制中村中学の学友と伺った。山崎氏の計らいで、名誉ある作家との、個人的な交友関係が広く市民に広がればと、公開の座談会を開いて下さった。

昭和三十六年の夏の終わりのころと記憶している。図書館の一室に集まったのは、上林、大原両作家、館長の山崎氏の他は、わずかに数人、その中に、後に結婚された詩人の尾崎驍一《ぎょういち》、歌人の市川敦子両氏と私たち夫婦。私は生後半年の長女を、乳母車に乗せて行ったことだった。

私はエッセー・上林暁、絵・武林敬吉の『土佐　我がふるさとの……』（中外書房刊）という楽しくて、土佐の人間には懐かしい本を持っていた。

私は初めて作家の先生にお目にかかれるこの機会にと、厚かましくサインをお願いして書いて頂いた。大原氏の本は持っていなかったので、残念なことだった。

このシリーズ『神戸　我が幼なき日の……』は、田宮虎彦、小松益喜両氏による美しい本だった。

☆

上林氏は、翌昭和三十七年、脳溢血で倒れ、その後の執筆活動は令妹、徳廣睦子氏の著書『兄の左手』に詳しい。

上林暁文学は、私小説を代表するもののように評価されている。日常的なことを、凜とした文章で表現され、ファンは多い。したがって古書価は高い。

それに病後は、口述筆記だったこともあって、直筆の署名本は珍しく、さらに高価になる。

文学館などの展示物にある、作品の原稿は、殆ど一品物の直筆で、高価なものだが、先のような事情で、上林暁草稿は珍しいこともあってなかでも高価である。

☆

いま思えば、随分ぜいたくな時間だった、としか言いようがない中村図書館でのひと時。今も印象深く忘れ難いのは、両氏とも、終始柔和で、日ごろの両氏を存じあげている訳ではないが、これは故郷に帰った人の表情だと見えた。

山崎図書館長との昔話も、私は故事が分からないなりに、自分がここに居てもいいんだなあ、という気兼ねなさで赤ん坊を連れていた。せっかくの館長の計らいにもかかわらず、出席者はほんの一握りだったことが、両氏に申し訳なく感じられた。

それから二年後の昭和三十八年、高知市で私たちは古本屋を始めた。

充分な資本もなく、手持ちの蔵書を主に細々とした商売をするうちに、大切にしていた上林暁氏の署名本も、お金に換えた。

私の記憶も定かではないが、この本のことを思い出すたびに、一緒に思い出される古本屋さんがいる。

中村市出身で、米子市で仕事をしていた小画舫書屋主人、間崎賤夫氏である。青年時代に高知にあって、当時の知人は皆社会的に立派な地位になっていた。間崎氏は帰高の度に、著名な知人宅からいい古書をさらっていった。

「さらって」とは間崎氏の言葉で、「M家の本棚の南学史をさらって帰る」とか、「Kのところに龍馬関係文書が二冊揃っていたなあ、あれもさらって帰る」などと、いつも土佐物をさらって行くので、私は本気で間崎氏に噛みついたことだった。

「土佐物を土佐から持ち出さないで、土佐へ持って帰ってください」

大切な署名本『土佐　我がふるさとの……』も、浅はかな私がお見せしたばっかりに、間崎氏の手に渡ったのだった。

出張販売

どんな商売も第一に問題なのは場所だと思う。次は商品。古本の場合も、なにより場所が大事だ。といってもだれもが自分の希望どおりの場所で商売ができるはずがない。

見つかった場所が、自分で最高の所と思っていても、うまくいくとは限らない。どこかで神様の思いと行き違ったりして、駄目なこともある。

「タンポポ書店」も現在の場所が三度目の場所だ。商店街でもない裏通りにあるし、商売向きとは言いがたい。しかし私たちにはちょうどいい場所だと満足している。私たちの力量に合った、かつ便利な場所でもある。

☆

二十四時間営業の量販店から、古本を売ってみないかとお誘いを頂いた。

店頭にテントを張って、そこを催事場にした。瀬戸物のバーゲンだったり、リサイクルの市を開いたりだった。古本は毎月、こちらの都合のいい、金土日の三日間をスケジュールに組んでくれた。

車を大きなハイエースに買い替えた。一車で催事の荷を搬送し、時間のロスを無くしたかった。

催事のある金曜日は、朝食の後、文庫本やマンガ本、入門書、安い本を車に積んで、家から五キロぐらいの所にある「ラッキーセブン」という量販店に行った。平台をセッティングすると、本の荷を車から下ろして、夫は帰る。

量販店の催事のある時は、彼は一日中交代なしの店番。朝十時から夜七時まで。帰宅して夕食後、車で量販店へ私を迎えに来た。この量販店は二十四時間営業なので、私の帰宅した後は、量販店の店員さんが売ってくれた。

三日間催事の最終日、夜九時ごろから後片付けに取りかかって、帰宅するのは十一時半を過ぎていた。

夫も私も早く片付けて、家でビールを飲むことを唯一の楽しみに頑張った。ある時、買い置きのビールが無くなっていることに気づき、途中、自動販売機の缶ビールを買うことにした。

お金を入れてボタンを押してもビールは出てこない。また繰り返す。やっぱり駄目。故障かと思い二ヵ所ほど回ってから気づいた。

十一時過ぎたら、自動販売機は自動的に停止するようにセットされていたのだ。

ふたりともビールを飲むつもりでいたので、喉をなだめるのに困った。その夜は、自家製のカリン酒で我慢しなければならなかった。しかしせっかくのカリン酒も、ビールの代役にはならなかった。

☆

恒例の古書展以外に、西武百貨店でも出張販売していたことがある。

七階の食堂街、ロビーの一角に、平台三台を並べ、量販店へ売りに行く日以外の土日をここで売った。

おのずと、店とデパートのお客様は違っていて、食事に来たついでのお客様だから、固い本は避けて、趣味的なもの、文庫本、漫画本、ムックなどをそろえた。

毎週のことなので、撤去した後の荷は階段の下の、穴蔵のような所を倉庫に貸してもらった。台車に一台ぐらいずつ毎週入れ替えていた。店が近くなので何かと好都合だった。

「ここで売ってみないか」と声を掛けて下さったのは、デパートの担当の方だった。店売りはわずかなものながら、店があるために仕入れができる。交通の便利さもいい条件だ。

夫と二人だったから出張販売もできた。時々、量販店の店頭販売の時、よく文庫本を買いに来てくれたお客様や、食堂街のロビーに来てくれたお客様に街で出会ったりする。

夫が亡くなったこちらの事情をご存じないので、「タンポポさん、今度いつ来るの。楽しみにしています」と言って下さる。お世辞ばかりでない響きがうれしかった。

自分たちの生活のために、私たちは一生懸命古本とかかわってきたが、それが、人様にも喜んで頂けたことが、もっとうれしい。

夫の病気

古本屋を始める時に、夫は中古の自転車を三千円で買った。ロシナンテと命名していた。ドンキホーテの愛馬の名を戴いて、自らをドンキホーテに見立てていたのかもしれない。ロシナンテは盗難にあったり、酔いすぎて置いた場所が分からなくなったり、再々行方不明になった。

最初に車を買ったのは、ちっちゃいマツダクーペだった。鈍亀這停、つまりドンキホーテと命名した。名に違わずのろのろ走り、よくエンストした。中古車だった。

昭和四十年のことだった。かつて「世代」という同人誌の、私の仲間の宗昇氏が、車で放浪の途中高知へ立ち寄り、夫と娘が同乗して、中村へ行く宗氏を途中まで送った。娘が大変喜んだと彼は言った。

中古の車を買う気になったのはそれがきっかけだった。

次は新車でサニーのバンだった。本を搬送することを考えた選択だった。ナンバーは44－2823。

「にやけた兄さん、じゃねぇ」。ナンバーをもじって彼は笑った。

長距離トラックの仕事の、非番や休みの日と、夜出発の時の午前中は、私と交代で店番をする二足のわらじ。夫は酒が好きだったから、車から降りた日と非番日は、仕事で飲めなかった分を取り戻すように飲んだ。そのころから少しずつ病魔が近づいて、彼に取りつこうと窺っていたふしがある。

車の駐車場は、家からちょっと離れた所にあって、出発の夜は、お弁当と着替えの入った鞄をさげて、車まで送って行った。

「暑くなってくると、しんどいなあ」と言って走って行った彼の車のナンバー（44－2823）を見て、私は「にやけた兄さんも四十四歳か」とのんきにつぶやいた。

ネフローゼで夫が入院することになったのは、それからまもなくだった。会社の健診で、異常に高いタンパク尿とわかり、さらに検査の結果、市民病院に入院することになった。

見るからに頑健で、若い日に盲腸を切った以外、病気とは縁がなかった。愚かなことに私は夫の健康については過信していた。しんどいのは、暑さのせいばかりでないことを、なぜもっと早く気づかなかったかと悔やむ。

同じ日、母も同じ病院に入院した。母は、以前から鈍い腹痛があり、腎臓に石があると言われていた。夫がこの際一緒に入院をして、母に手術をすることを勧めていた。

同じ病棟の五階と六階に、母子はしばらく入院した。母は全快して退院しても、夫は腎臓の専門病院へ転院してさらに八ヵ月入院生活をした。

退院しても、決められた時間に尿を採って、リトマス試験紙のような、タンパクの量によって変色する紙を入れて、値をグラフに記入していた。

めんどうなことの嫌いな夫が、大事だからというだけでなく、糞尿譚が好きなこともあって、楽しそうにやっていたことが思い出される。

ある時、版画家の日和崎尊夫《ひわさきたかお》氏が店に来た。

「お宅へ幹雄さんの御見舞いに行きたいけれど、かまんろうか」

二階に寝ていた夫は、日によって階段の上り下りの回数で、タンパクの出る値が上下したほどだった。安静が第一だった。

日和崎氏が在東京のころ、後半の店番をしていた夫が時間どおりに帰宅して、びっくりした私は体調を気づかった。にこにこして彼は、

「今日あたり、街をうろうろせられん。日和が戻《もん》ちゅうき、見つかったら怖い」

彼には会いたいけれど、会ったら飲むことになる、期待と不安を、夫はおどけて言った。

日和崎氏のお見舞いのことを、私から夫へ伝えることにして、その時は帰っていただいた。

一年ほどの療養の後、毎週通院しながらでも店番ができるほどに回復したが、ネフローゼは完治したわけではなかった。

ガンは一番弱いところに取りつくものらしい。夫は十年余り患った腎臓に取りつかれた。頑強な彼もガンには勝てなかった。同じ年、少し遅れて日和崎氏も逝った。

今天国の二人は、せめてなんの屈託もなく、存分に楽しく飲んでいると思いたい。

紫陽花の思い出

紫陽花の花を見るたび思い出す事がある。

「タンポポ書店」が、旭駅前通りから中島町へ移転したころだった。前にも書いたが、やっと高知市の中心地に出て来たものの、家賃を稼ぐために、夫はいろいろなアルバイトをしなければならず、二番目の子供はまだ赤ん坊で、私は子守りをしながら店番をしていた。

梅雨の長雨のために、夫は仕事にあぶれたものか、仲間が悪かったのか、その夜は帰らなかった。

翌朝私が赤ん坊をおぶって店番をしていると、外泊の夫は家には両親がいるために帰りにくかったせいか店に来た。客がいないことをいいことにシャッターを閉め、夫と私は犬も食わない言葉の応酬、果ては修羅場の展開となった。

親の異常な状態が、赤ん坊にも分かるのか、私の背中で泣きもせずじっとしている。むしろ、わあわあ泣いてくれたら、それを潮に矛を納める術もあるのに。営業時間にシャッターを閉めて、店の中でこんなことを演じたようなことが再々あったような記憶がある。

その時、がらがらとシャッターを開けて、ふたりの男が店の中へ入ってきた。

「やっぱりおるやんか」

平日のまだ昼前という時刻に、すでに十分できあがった日和崎尊夫（版画家）と岡村励（詩人）だった。

「千歳さんにこれをどうぞ」

うやうやしく差し出したのは、たっぷりと見事に咲いた、二、三本の紫陽花だった。日和崎さんは不思議な人で、大抵の人ならキザったらしい言葉も所作も、芝居気たっぷりなのも許せる雰囲気を持っていた。

けれども私は修羅場の真っただ中にあって、かえって油を注がれたように言い放った。

「こんな浮気な花はいらん」

大きく咲いた見事な紫陽花は、無残に、下ろされていたシャッターに投げつけられた。

その後どうなったか思い出せない。

☆

日和さんと岡村君は昨夜の夫の飲み仲間だったに違いない。

現在の中央公園は地下駐車場などができ、すっかり整備されて、もう面影はないが、かつては酔芙蓉や紫陽花のプロムナードの趣があった。その花のころは私の好きな場所の一つでもあった。

夫を無断で外泊させたことのおわびに、日和さんと岡村君は、公園の紫陽花をシッケイして「タンポポ書店」にいる私の所にやって来たのだったかもしれない、と長い時を経て今思う。なんと若く愚かな私だった事かと、懐かしくもある。

☆

日和さんが悪いと聞いたのは、夫を見舞ってくださった居酒屋「とんちゃん」の吉本健児さんからだった。

「日和はね、病気が治ったら、お四国参りをして今度こそまじめにやると言うているそうや」と夫は話してくれた。

日和さんは、実はまじめすぎるほどまじめ人間なのではないかと私は思った。飲む時も、けんかをする時も、版画の制作の時も、まじめすぎて常識からはみ出てしまう。

「おれが先か、日和が先か」などと夫は病床で笑いながら言っていた。

夫はきさらぎ、タンポポの咲くころ五十六歳で逝き、日和さんは、すこし遅れて逝った。気の早い紫陽花が咲き始めていた。

五十歳。夫よりもさらに早すぎた旅立ちだった。

紫陽花の咲くかつての中央公園あたりで、酩酊の夫や日和さんを、私は、ちょっと見失っただけではないかと、しきりに思う。

「スニーカーのうた」

こうして　いつまでも　ロシナンテです
ベッドの下できちんとお出かけを待ってます

これは「スニーカーのうた　亡弟遺品」と題した義兄・片岡文雄の詩の冒頭の一節。

そのスニーカーの主だった夫は、平成四年二月に亡くなった。スニーカーは安物のありふれたもので、だいぶいたんでいた。

「幹雄のあの靴をもらえまいか」と義兄は言った。私は喜んでもらって頂いた。再々見舞ってくれた義兄は、ベッドの下に主を待つかのように置かれていたスニーカーに、目をとめていたのだった。

夫はその一年半前に、ガンで左腎臓をとり、さらに肺に転移して左上葉を切除した。

イヴの日に肺腑をひとつ失いぬ　　半解

この句が夫の最後の句となった。

順調に回復して個室から大部屋に移されたが、その直後に首に異常な痛みを訴え、頸椎にもガンが及んでいることが発見された。

頸椎はいつ呼吸が停止しても不思議はない状態だったらしく、それを保護するために、頭蓋骨に穴を開け、鎧のような金具を付け、左右二本の金棒で固定された。

その手術のため夫は僧侶のように髪をそった。術後小康をえてから、検温にこられた看護婦さんが言ったものである。

「片岡さん、髪をそっても二枚目やね、詰所で皆そう言ってます」

「今ごろそんなこと言っても遅いわ」

と夫は笑ったが、剃髪した彼は高僧の趣があった。しかしまとっているのは衣ならぬ鎧のようで、私はひそかに〈武者如来〉と名付けていた。

金具を身につける手術をする前に、伊藤大さんが見舞いに来てくださった。

「ぼくはね、明日宇宙飛行士になるぜ」

さも楽しそうに伊藤さんに説明していた。自らを励ますためだったろう。金具を身につけた姿を〈宇宙飛行士〉のイメージに重ねていた。

術後、なるべく普通の患者の生活をという配慮がされた。寝たっきりになると、足が衰える。

「スリッパは危ないから、運動靴で院内を散歩しなさい」

主治医の先生は細々とした注意と説明の後、そう指示して帰られた。

「ぼくがオリンピックで履いた、あの靴を明日持って来てくれ」と私に言う。

点滴の処置をしていた若い看護婦さんは、目を丸くして言った。

「エッ、片岡さん、オリンピックの選手だったの、素晴らしい。いい体格してると思った」

「あなたは若いから、ぼくがベルリン大会で活躍したのは知らんでしょう」

まじめくさって、とっさに面白い冗談を言う夫に、私は元気づけられた。

「兄が交通事故でけがをした時に、同じように鎧のような金具を付けて、頸椎を保護して回復しました。今元気で働いています」とその看護婦さんは言った。夫と私は、若い看護婦さんのその話に、どれだけ希望を持ったかしれない。

夫が逝って、鮮明に記憶しているこの時の場面を回想していて、私はハッと気づいた。若い看護婦さんは、私たちを励ますために、身近な例として、お兄さんの話として言ってくれたのに違いない。事実はどうだったのか。

苦しいなかで、笑わせて回りを明るくしてくれた夫の気配り、それに増してあの若い看護婦さんの行き届いた看護の心を思う。

しかし夫は、オリンピックのスニーカーを履いて、病棟のお城の見える廊下まで散歩したのは、たった二回だけだった。

「スニーカーのうた　亡弟遺品」は、朝日新聞（大阪本社版）平成四年四月十八日付に掲載された。詩集『流れる家』（思潮社・一九九七年刊）に収載。

本の山

「本売れていますか」

「景気はどうですか」

よくお客様に聞かれる。一冊売れても、売れたと言えるけれど、そんな意味で言っているのではない。

「食べるだけはなんとか」などと言っている。「景気は」と言われても、私には「景気」の実態が分からない。

「景気ねえ」

言いよどんでいると、かぶせるように言う。

「おまんくは景気えいじゃいか、いつじゃち、店の中も外も本がいっぱいじゃが」

なるほど、私の店は本があふれている。店番をするのに、やっと座るだけのすき間があるだけだ。

本があふれている状態が「景気がいい」基準であれば、そう言える。

子供のころ、本をまたいで、父に火ばしですねをたたかれたが、本の山をまたがなければ、カウンターのところへ出入りができない。

せめて本をまたがずに出入りができるように空けておくと、本を買い入れたとき、そこにしか空間がないので、またそこへ積み上げる。一度積み上げると、本の山は動かない。

日に何度も、火ばしでたたかれた痛みを思いだしながら、本の山をまたいでいる。

トイレのドアの前も同様。よんどころなくトイレに用のある時は、座っていたいすやカウンターに本を積み替えなくては、ドアは開かない。

「トイレお借りできませんか」とおっしゃるお客様には申し訳ないけど、近くの児童公園のトイレを利用して頂くことにしている。いつものお客様は、実情を知っているけれど、初めての方は不審に思うらしい。「トイレはあるんですか」と聞かれる。

それもこれも、小さい店にもかかわらず、古本を買いすぎる自分のせいだから、どこへも文句は言えない。本の山は店の外にもあって、軒下の、狭いイヌハシリに段ボール箱が並ぶ。

古書の店　戸のきしみ音や春隣　　点歩

点歩氏は詩人嶋岡晨氏で、「タンポポ書店」へ注文のはがきに書き添えて下さった一句。

箱のある風景となり　古書の店　　千歳

私のは俳句と言いがたいが、実情を十七音にして返句とした。

店のお客様西森善男氏が、古書目録「タンポポ便り」のために書いて下さったカットも、しっかり段ボール箱が並び、〈箱のある風景〉である。

古本はなかなか捨てられない。

見たら買いたくなる。

在庫のあるものは、持って帰って頂く。

ただでもいいからとか、処分しといてなどと言う人もいるけれど、商売人は困る。

十円でも、売れない本は売れないのに、ここで私が拾わなければ、どこかで捨てられる。大げさに言えば、文化を失うかもしれないのだ。正直、そんな思いもある。

「はっ」とするような古本に出合いたいために買い込み、こんなことの繰り返しで明け暮れ、古本は山となる。

☆

いつものマッサージ屋さんに行った。

私の仕事を知ったうえで、

「このごろ、ご商売はいかがですか」

私は、店の本の山のことを話した後で、

「食べずにいる人はないけれど、古本がなければ、暮らせない人はほんの一握りです。不景気の波は一番早く寄せてくる替わりに、古本屋に好景気の波が来るのは最後です」

「日本の文化もそんなとこでしょうか」

この四月から、ドイツでは、日本の消費税にあたる付加価値税が一パーセント上がって十六パーセントになった。ただし食料品と本は七パーセントに据え置きだという。マッサージ屋さんの言う文化の、この違い。

古書目録　上

東京の古書店「龍生書林」から「古書目録りゅうせい」が届いた。第三十一号「戦後文学特集」である。第三十号は「昭和文学戦前特集」であった。「三島由紀夫特集」とか「雑誌特集」「女流文学特集」など、実に緻密に資料を集めて、特集をしている。

都会で、再々古書の市に出入りできるから作れる目録とばかりは言えない。店主の、古書が好きで好きでたまらない本音が、索引まで付けて得意満面な姿勢に見て取れる。

それにしても、二百四十ページもの目録を作製して、一号に九千点近い商品を管理し、注文をさばいていくには、どれだけの空間と人手があればいいのだろうか。

小さな店と、狭い住まいを仕事場にして、買い入れ、値付け、店番、かたわら目録の作製、荷造り発送、何もかも一人でやっている私には見当もつかない。通販専門と言えども、「りゅうせい」のような重厚、緻密、端正な古書目録は、地方のちっぽけな古本屋には一生かかっても、一号も作れない。

こんな事を考えながら、「りゅうせい」の「戦後文学特集」に引き込まれるように見入ってしまう。

目録は、書名、著者、装丁、出版社、発行年月日、売価等を明記してある。再版とか特記の無いものは、ほとんど初版で、時により著者の署名入りと記されているものもある。

古書探究の専門誌、「日本古書通信」「彷書月刊」の他に、個人または何店かグループで、年二、三度発行している古書目録を、北海道から九州まで、全国から送っていただく。

私は読書も好きだが、同じくらい古書目録を読むのが好きである。そして飽かない。商売だからと言われたら、それまでだけれど、書名と著者名を見るだけでもいい。

先の「戦後文学特集」を見ていて、私は思わず「えーっ」と声が出てしまった。

島尾敏雄の項。

「単独旅行者　通信付　献呈墨署入　カバー帯美　真善美社　S23　二五〇〇〇〇」

むろん初版である。

通信付きでこそなかったけれど、私は島尾敏雄氏が、若き日の文学仲間、桑島玄二氏に墨署名献呈した『単独旅行者』を桑島玄二氏に頂いて持っていたのだった。

ある時、桑島氏は、私たちの詩の会「月曜日」に自分の推薦する詩人が受け入れられなかったことが不服で、暗にリーダーのTさんを非難したのだった。会がすんでたまたま帰途ご一緒した時のことだった。

「それは編集会議で決まったことですから」

と私は言った。

「阿部さん（私の旧姓）が編集会議の責任なんてことを言うようになったか！

よし、島尾のサイン本をあなたに上げよう」

その夜の会で雑談のとき、私が背伸びして、島尾敏雄の小説について何か言ったことを、桑島氏は覚えていてくださったのだった。氏はすでに大人の詩人で、私は詩のようなものを書いている小娘にすぎない。サイン本の『単独旅行者』は大きなご褒美なのだった。

戦後のことで紙の事情も悪く、現在の感覚で言えば粗末な本である。それが「りゆうせい」の目録で二十五万である。

今になって思えば、その時もっと島尾氏と桑島氏の出会いや、親密な関わりについてお聞きしておけばよかったと、残念に思う。

島尾氏は、神戸外語大学の講師であったころに、『単独旅行者』を上梓している。また、神戸を中心にした同人誌「ＶＩＫＩＮＧ」の同人でもあり、神戸がホームグランドの同世代の桑島氏と出会ってなければ不思議なぐらいだ。

桑島氏は詩集もあるが、詩人竹内浩三の筑波日記『純白の花負いて』の著者でもある。

ご褒美の『単独旅行者』はタンポポ書店から旅立ってすでに久しい。

古書目録　中

　直木賞作家で「芳雅堂書店」の店主、出久根達郎氏の手書きによる古書目録「書宴」はあまりにも有名だが、手書きの「書宴」には残念ながら私は出合っていない。
　現在は、奥様のワープロによるお仕事と思われるが、本によっては短い紹介を書き入れている。たとえば次のように。

『絶景万国博覧会』（非現実の虚構の世界…奇想天外な着想に始まり、精神の結晶と共に空中分解する大虚城。処女作『或る検事の遺書』から昭和十四年までの短編総集）初箱　小栗虫太郎　S45　三五〇〇円
『伝説の女たち』（楊貴妃、餓死御前、菖蒲の前他41名）帯カバー　毎日新聞社特集版編集部編　H4　六〇〇円

売価六百円の本にも、これだけ詳しい紹介文を入れる親切。親切だけではない、真にこの本を求めている人に届けたい心の現れ、それ以外の何ものでもない。そしてその本が売れた時、味わう喜びが、古本屋の本当の儲けかも知れない。

☆

愛書家や古書収集家にとって、遠い街や地方の古書展目録が届くことは楽しい。その業者である私も、読みたかった新刊書を手にした時のように、いや、それ以上に古書目録が届いた時はうれしい。


いつか版画家の山本容子氏の講演を聞いたが、

「自分の展覧会を見に来て下さる方は限られる。来てもらえない方に、出前する気持ちで、本の装丁をする」

という意味のことを言っていた。


古書目録も、言わば古書店の出前である。

「古書店が無く、ジャイアンツの試合が見られない所には住めない」とおっしゃるお客様西森善男さん。テレビさえあれば、日本中どこででも、ジャイアンツの試合は見ることができる。

「ジャイアンツばかりがプロ野球じゃないんだ」

そんな声が聞こえてきそうな気がする。

しかし、古書店はそのある場所へ出掛けなければならない。最近は、インターネットにアクセスする古書店、また古書探求者も増えている。

全連（全国古書籍商組合連合会）でもインターネットに関するアンケート調査があった。たしかに古書業界も流通の形に変化が見えてきた。

古書目録による通信販売より、インターネットにアクセスする方が、能動的ではあるかも知れないが、手ざわりの感覚にほど遠い。私は、もうしばらく、古本屋の呼吸にも似た、手ざわりの感覚にこだわりたい。

通信販売は、目録を作製する業者は無論、買い手の方も、注文、送金と手続きが面倒かもしれない。でもわが家に居ながらにして、神田の古書店を覗き見る、また未知の遠い古本屋と言葉を交わす感覚の目録は、本好きな人には捨てがたい楽しい出合いに違いない。

目録作りにも、店主のこだわりや、姿勢が現れていて、面白い。本の注文をせず、もっぱら古書目録を収集している人もあると聞く。ウインド・ショッピングの趣である。

古書の手ざわりと、古本屋の出前を楽しむ人は、簡単に消えて無くならないと思う。

ジャイアンツ・ファンが、「ジャイアンツは不滅だ」と気炎を上げているのに似ていなくもないが。

古書目録　下

古書目録は、古本屋そのものと言えるかもしれない。当たり前すぎるけれど。例えば文芸もの。それも作家論とか、日記とか、書簡ばかり集めた目録。全集ものばかり何ページにもわたる目録。歴史資料、郷土資料。社史または何とか誌のついた資料。演芸、芸能関係。スポーツ関係。専門は多岐にわたる。

目的を持った探求者には、ジャンル別の目録は便利でありがたいと思う。しかし準備する業者の作業はどんなにか大変だろうと、まずその事に思いがいたる。「日本古書通信」や「彷書月刊」に広告目録を出して通販をしていたが、自分の店だけの目録を出したいと思っていた。

古くからのお客様の西森善男氏にそんな話をしていたら、氏は早速「タンポポ書店」のカットを描いて来て下さった。

店の前、テントの下には段ボール箱が積まれた、私には見慣れた風景である。

そのカットを、カウンターの引出しを開け閉めする度に目につくように入れて、ちらっと見る度に、今夜こそ目録作製の作業を始めよう、と思いつつ、数ヵ月たってしまった。

店番をしている時に限って言えば、のんびりした仕事とだれでも思うに違いない。たしかに、たまらないほど忙しい商売ではない。そして私はいつも暇そうな顔して座っているかもしれない。

だが、カウンターに座るまでが重労働である。本は重い。買い入れ、仕分け、値付け、搬送、棚の整理。一冊一冊の本はそんなに重くはないけれど、この作業を一時間続けたら、しばらく腕が震える。

本屋は体力がなくてはできない。

「私はいつまでできるだろうか」と時々思う。幸い丈夫な体に生んでくれた親に感謝することを忘れてはならない。そしてできるだけ長く古本屋を続けたい。

いよいよ目録作りの作業を開始することになって、「りゅうせい」などの整然とした目録が、頭にちらちらして、ワープロの前に座っても、一点入力しては考え、迷い、進まない。

あらかじめ、ジャンル別に仕分けしてはどうか、それには、広い場所と時間が要る。ますます作業ははかどらない。発行はいつになるか、予定がたたない。

古書目録は言わば、古書店の出前だから、「タンポポ書店」そのままでいいのだ、と気がついた時、狭い店に精いっぱいむちゃくちゃ積み上げている現実を、飾らず目録に盛り込むことにした。気が楽になった。そして作業がはかどった。

印刷発送に、なるべくお金が掛からないように、受け取った人に開いて見てもらえるように、売値を自分の希望価格の八掛け位に抑えること。そんなことを心掛けて作った。

店のテントとタイトルの「タンポポ便り1号」の部分だけ、現実のテントのブルーそのままの色刷りにした。一色のブルーが、一枚の紙四つ折りにした、表裏七ページのささやかな目録をきりっと仕上げてくれた。

友人の「ふたば工房」大家正志君のセンスによるところである。

次号はいつの発行になるか予定が立たないが、今号でブルーにしたところをタンポポ色に変えてみようか、などと一人楽しんでいる。

思いのほか注文があって、忙しいけれど充実感があった。

「春とともにタンポポ便りうれしく頂きました。是非続けて送って下さい」

注文書の後に追伸があった。

私はタンポポが春の花ということを忘れていた。春夏秋冬、私は常にタンポポという季節の中に明け暮れているので。

献呈署名本

ほとんど詩集ばかり、段ボール箱で三個、買った。

美本ではないが、田中冬二の『橡の黄葉』、菱山修三『望郷』、三好達治『一点鐘』などがあって、びっくりした。

おおかた自費出版の、無名詩集の中に、古書の詩集も持っていたということは、持ち主は詩への造詣に深い方と思われた。

お見かけしたところ、私と同世代の方らしかった。

汚れた本にはパラフィン紙でカバーを掛けたり、値付けをしたりして、整理していた。

その中に、N氏の初期の詩集があった。

N氏は火災に遭っていた。もうご本人の手元にもこの詩集はないかもしれない。四十年ほど前に刊した詩集だ。N氏に送った。

私の思っていた通り、N氏のもとには無くなっていて、大変喜んで頂いた。なにより、本が喜んでくれたに違いない。

☆

献呈署名本を売りに来る人は、下さった人への心遣いから、自分の名前のところをマジックで消したり、見返しを破ったりしている。その本のためにも、マジックで消して汚したり、ページを破ったりしないで売りに出して欲しいと、古本屋は思う。

献呈された人が、有名人の場合、古本としての値が付くが、無名人の場合の署名は無いほうがいい、などと言う人がいるが、汚したり、破いたりするよりはそのままの方がずっといい。今、無名でもだれでも有名になる可能性があるのだから。

せっかく献呈して下さったものを、売ったら悪い、と思っている人も多い。でも、もう読みもしないで、個人の書斎に死蔵するぐらいなら、古本屋という市場に出せば、新たな読者に見つけてもらえ、本のためにはうれしいことではないかと思う。

☆

私は、まだ古本屋ではなかった時、よく大阪梅田、桜橋あたりの古本屋を巡り歩いた。

ある時、〈小野十三郎先生〉として献呈署名した本を、あちこちの古本屋で見つけた。

だれかの出版記念会で、小野氏に出会った。若くて思慮のない私は、悪いことに怖いものなしで、小野氏にかみついた。

「先生は献呈された本は、皆古本屋に売ってしまうのですか。桜橋の古本屋に、先生に献呈した本がありました」

「僕は売ったことはないけれど、だれか若い人が持っていったんでしょう」

あ！　そんなこともあるのか、と思ったけれど、後の祭り。

中央の著名な先生には、決まった古本屋がいて、不要な献呈本は、重量で買い取っているらしい。プロセスはどうであれ、古本が紙の原料に直行するよりも、市場に出て、新しい読者の眼に触れることが望ましい。古本屋の棚で、本がまた蘇生するのだから。

小野十三郎氏には、そのころ、もう一度かみついた。

ビキニ環礁で、アメリカが水爆実験をして、日本の漁船、第五福龍丸が被爆した。

その抗議を作品にした『死の灰詩集』が刊行された時だった。

現代詩人がこぞって、水爆実験に抗議する詩を書いたことを、小野氏は評価して、新聞に発表していた。

若かった私は、「水爆反対」的な表現に終始することに疑問を持っていて、もっと作品の完成度を問題にしてほしかった。

「先生のように、社会的にビッグな人の発言は、『死の灰詩集』即、現代詩という印象を、一般の人に与えます。それが困ります」

「ふむふむ」とうなずいて聞いて下さった。

今思うと泰然としたシェパードに、ちびんこの野良犬がほえまくっている図を見る思いで滑稽で恥ずかしい。

小野十三郎氏も、鬼籍の人となられて、久しい。

点歩先生

片岡が元気で店番をしていたころ、前半は私、後半は片岡と交替していた。ある時私は一度帰宅して、また何か急な用事で店に行った。閉店間近だった。用事がすんで、いそいそと片付けにかかった彼は、「とんちゃんへ行こう」と言った。

私は飲める口ではないけれど、飲み屋の椅子に座るのは嫌いじゃない。「とんちゃんへ行く」と決まったら、協力してさっさと店を閉めて、ロシナンテ（自転車）を連ねて、細工町《さいくまち》へと繰り出した。

居酒屋「とんちゃん」の近くに喫茶店「セザンヌ」がある。自転車を走らせながら、ちらっと「セザンヌ」のドアを見た。絞ったカーテン付きのガラスのドアだ。

そのカーテンのすき間から、カウンターの前で椅子にかけているシルエットがちらっと見えた。嶋岡晨氏に似ていた。

「嶋岡さんに似ていたけど、セザンヌに居るはずないわね」と私。

「いや、いま彼は高知へ戻《もん》ちゅうはずや」と言うなり、片岡は自転車を店の横に止め「セザンヌ」へ入った。嶋岡さんが帰高中という情報を、彼は持っていたらしい。

「このごろは二人で飲み歩きゆうがか、優雅じゃのう」

嶋岡さんは、突然現れた私たちをからかった。三人で「とんちゃん」に行った。

私はこの店のメニューで一番気に入っている〝どろがゆ〟を食べるのに忙しくて、二人の会話の枕の部分を聞き逃したが、

「土佐弁のテンポー（無鉄砲）から点歩としちゅう」

と嶋岡氏。

「わしゃ一知半解の半解じゃ」

と片岡が言っていた。それぞれの俳号のことらしい。

☆

伊藤大氏は、片岡の追悼集『きさらぎタンポポ』を編んでくれた。その中の、嶋岡氏の「幹雄君の手紙」に、

きみ去りて蟬もつまずく夕べかな　　点歩

とあり、片岡の手紙の末尾にそえた次の一句、

部屋ぬちをぬるり過ぎゆく川蜻蛉　　半解

を紹介して下さっている。

手紙は八九年七月六日付で、詩誌「詩学」に嶋岡氏が「わたしの現代詩人事典」を連載中、片岡のことを取り上げて書いていた。その感想とお礼だった。「セザンヌ」で会ったのは、逆算すると八八年、つまり昭和六十三年ごろの事と思われる。

点歩先生から、ワープロによる手作りの句集が届いた。日ごろまめまめしくお

世話をなさる、のぶ夫人のお手製と、勝手に決めてお礼状を書いた。片岡亡き後で、半解の返礼の一句が無かったことが残念だった。

達筆の嶋岡氏はワープロとは縁がないものと思っていたが、自らのお手製の句集と聞いて驚いた。立派な仕上がりだった。

嶋岡晨著『中岡慎太郎』が成美文庫になった。「作品の感想の手紙をくれた最初の人として、平成四年、五十六歳で亡くなった幹雄君にこの文庫本をも、真っ先にみてほしい気持ちである」と、あとがきに書いて下さっている。光風社刊の単行本もサイン入りでちょうだいしている。

私は、季節の果物を返礼に送る時、

半解も迂山と酌むや萱の花　　　千歳

と名刺に書いて入れたことだった。

半解の片岡は、御霊《みたま》は偏在すると常々言っていた。迂山は、慎太郎の号。御霊には長幼の序列などない、と思いたい。季節は秋、嶋岡氏の小説に導かれて、迂山と半解は出会い、酒を酌み交わしたりしているのではあるまいか。

たとえば、かつて、「点歩」「半解」と嶋岡氏と片岡が号を名乗りあった「とんちゃん」の二階の隅っこの木の椅子に掛けて。

慎太郎ファン

二、三年前から郷土史のコーナーを熱心に見にくる青年がいる。そして何千円もする高価な本でも、自分が探していた本が見つかった時は買って下さる。何回か来て、自分の欲しいものが見つからなかった時、「中岡慎太郎に関するものが何かありませんか」と言った。

龍馬ファンがいるように、慎太郎ファンがいることが分かった。青年は大慎太郎ファンだった。

坂本龍馬のファンは、全国的に散らばっていて、ファンでなくとも、土佐と龍馬を同義語ぐらいに思っている観光客もいる。

有名な龍馬の懐手にした立ち姿の写真は、スター的な要素をたくさん持っていて、男の華を感じさせる。

一方、慎太郎の写真は、と言ってもこの時代、写真があること自体珍しいので、私は二枚しか知らない。

一枚は右手握りこぶしをひざに、左手に太刀を握ってひざに置き、眼光鋭く見据えた写真。一枚は、右手をほおづえにして、くつろいだ姿勢。カメラが珍しい時代だったせいか、ぎこちなく笑っている。

写真だけのファン的な感覚では、龍馬が人気を取るのは当然と思う。かっこうがいい。

私は歴史家ではない。きわめてミーハー的な感覚で思うが、龍馬と同じぐらいに力を持ち、歴史を転換させる行動をして、「近江屋」の二階で、同じく暴徒に討たれた中岡慎太郎。にもかかわらず龍馬一人が英雄のように囃されることが面白くない。

一人の龍馬が誕生するには、いかに多くの龍馬、つまり志士が働き、犠牲になったかを思うべきである。

プロ野球の長嶋と王も、記録も力も、かっこうの良さも、甲乙つけがたいが、プロ野球のミスターは長嶋である。人気がある。私は、だからずっと王を応援している。

「野球は九人でやるものなのに、王だけ好きというのは邪道や」と広島ファンの夫は言っていた。

「中岡慎太郎研究会」ができたと、パンフレットを持って、大慎太郎ファンの青年が店に来た。私は早速景気づけに、会費を納めて会員にさせてもらった。私は歴史の何かを分かっている訳ではない。慎太郎を研究しようと思っているのでもない。まったく王ファンと同じ感覚である。これも邪道だと言う人がいるかもしれない。が、あえて慎太郎ファンクラブに入った。

慎太郎の故郷北川村に「中岡慎太郎館」ができているという。一度訪ねたいと思っている。

二十年ぐらい前に、野根山を歩いたことがあった。二月だったか三月だったか、四、五センチほどの霜柱を踏みしめ踏みしめして、米ヶ岡から岩佐の関所という所まで行った。クマザサ原が眼下に広がった尾根で、お弁当を開いた。

その時飲んだ缶ビールのおいしかったことが忘れられない。山の好きな人は、このためにまた山へ行こうと思うのだろう。

背中に背負っていたビールは、天然の冷蔵庫でほどよく冷えて、おいしくなっていたと思う。

いい香りのする、ようじにけずったりする、クロモジの木もこの時初めて知った。緑色の木肌の灌木のクロモジがたくさん生えていた。

詩人の西岡寿美子さんのプランで、野根山街道を歩く会が組織されたのだった。私は彼女と、もう一人の友人田中照子さん以外は、全部初対面の方々ばかり、七、八人だったように記憶している。

その中に、地元北川村の中岡慎太郎研究家、前田年雄氏がリーダーで加わって下さったのだった。私は歴史的な知識もなく、今思えば前田氏にお気の毒でならない。

龍馬ファン

「坂本龍馬の本が出る時は、不況の時だ」と言われている。不景気な年末には、よく「忠臣蔵」の興行があるようなものだろう。

龍馬に関する本は、いろいろ出版されているが、著者が違えば、また違った龍馬に出会えるのではないか、という期待で龍馬ファンは買うらしい。

龍馬ファンは土佐だけでなく、全国に散らばっていて、必ず売れる部数の計算が立つ。

龍馬は不況に強いのである。

私は本を商いながら、不勉強で、坂崎紫瀾の龍馬を描いた『汗血千里の駒』以来、どれだけ龍馬に関する本が出版されているのか知らない。

土佐には自分の持っている以外の本がきっとあるに違いないと、ファンは思うらしい。古本屋に頼むしかないと、各地から探究の手紙が来る。蔵書リスト同封で、「これ以外の本が有れば送られたし」である。

観光客のなかでも、土佐の土産に、龍馬の本を、と思うらしい。ささやかながら、私の店も龍馬本のコーナーを設けているが、喜んで頂けるより、がっかりの時が多い。

尋ねる本がなかなか古本屋にもない方が、ファンは喜ぶところがある。

☆

高知名物とも言える夏季大学。

直木賞作家で古書店主でもある出久根達郎氏が、講師で来高された時、ご夫妻を高知城へご案内させて頂いた。奥様は大龍馬ファンで、会話のなかでも、「龍馬さん、龍馬さん」とおっしゃる。

奥様は、敬称のおつもりでも、龍馬にさんづけは、落ちつかず、私はイメージが違って困った。

「私たちは、尊敬と親しみを込めて、龍馬と呼びきりにしています」と話したことだった。夏目漱石、森鷗外を、漱石、鷗外と言うように。

「『竜馬がゆく』ありますか」

夏休みになると毎年、帰省中と思われる大学生が、何人か司馬遼太郎の『竜馬がゆく』を尋ねてくる。

愚息の話で失礼だが、彼は、高校、大学と県外だった。高知県出身と言うと、まず龍馬のことを聞かれるらしい。なんにも知らんのは恥ずかしいから、なにか龍馬の本を送って欲しいと言う。

私も歴史小説が好きで読むけれど、夫は、生前「小説ではなく、史実を読め」とよく言い言いした。書物を商う者としての心構えとして言ったと思う。

史実は小説のように面白くはない。作家は読者を面白くだましてくれる。「講釈師見てきたような嘘を言い」の川柳ではないが、私は学者ではないので、面白くだまされたい。古本屋失格である。

で、愚息にも、文庫本『竜馬がゆく』を送った。三回はど読んだと言う。以来彼は歴史小説ファンになった。たとえ司馬遼太郎バージョンの龍馬であっても、若者には魅力的な歴史上の人物に違いない。

読書のすばらしいところは、古今東西の人物に、こちらが指名して、一対一で会えることだと思う。

そして高校、大学の夏休みの読み物として、『竜馬がゆく』はぴったりだと思う。

ここまで書いた時、

「せっかく高知に来たのだから、今日は西村京太郎じゃなく、龍馬の本にしようか」

転勤族のミステリー好きな奥様を、十冊ばかり並んだ龍馬コーナーにご案内した。が、あまり食指が動かないらしく、本の背文字ばかり見ているので、別の棚から『竜馬がゆく』全五巻を差し出した。

「よかった、これにしよう」

ぱっと明るい笑顔になった。夏休みになると、学生がよくこの本を尋ねて来ることを話した。

「夏休みまでにはまだ間があるから、読んだらまた持ってくるわね」と言って帰った。

古本屋のこころ　上

夫は器用では無かったけれど、わりにアイデアがよく、何でも作った。それも有るものを利用して作るのが得意だった。

何でも作ると言っても、「創業のころ」でも書いたように、看板を自分で書いたり、本棚を作ったり、商売に必要な物を、なるべくお金をかけずに作るのだ。少ない資本で始めた店なので、新しいもの、高価なものはもったいないのだった。

古書展を始めるとき、本の値札を印刷した。店名と枠の線にセピアのインクを使った。二十年経った今も、少し残っている。手製の値札を使うことが多いからだ。

彼は消しゴムの面に、タンポポ書店の「タ」を刻んで、適当な大きさの札の下に、朱肉で「タ」を押した。「タ」はたんなる「タ」であるけれど、手製の年賀状のゴム印のような、特有の温かみがあって、味がある。

札にする紙は、これもリサイクルで、紙の原料屋で、印刷屋が切り落とした紙を安く売ってもらう。

古書展間近くなると、値札が沢山要る。

なるべくタンポポ色の紙を値札に使うように裁断して、店番のかたわら朱肉でゴム印の「タ」を押して、値札作りをしている。印刷屋に頼めば済むことだし、印刷代も知れているのに、かつて夫が思いついて始めたことを踏襲している。

大阪の「いそやん」の値札も、朱肉で〝いそやん〟と押しただけだった。あれも素人っぽくて個性的だった。

値札は古書展の時、出品した本に貼る。その本が売れたとき、札を取ってお客様に本をお渡しするけれど、出店別に札を仕分けて、売上高が分かる。また、値札に書名を書き入れて置けば、何が売れたかも分かる。

値札はちっぽけな紙切れだけれど、古本屋には大切なものだ。

古書展で、書の短冊や、色紙を買われたお客様は、「値札をつけたままで下さい」とおっしゃる。カウンターに居た人は、代わりの値札を書いて、売上の札箱に入れる。値札はお金に代わる、業者には大事なものだ。一枚失ったら、レジの出来高と合わなくなる。

☆

値札をつける場所は、本屋によってまちまちだ、表紙を開いた見返しに貼る店もある。本の題名、著者を見て、値段は?と思って、開いたすぐそこに値札があったら、一番親切な気がする。が、あえて私は後ろの見返しの次のページに値札を付けることにしている。鉛筆で値を付けるときも同じように。

見返しは大抵、色のある紙もしくは、絵があったりする。表紙とともに本のおしゃれをするところ。そこへ値札を貼ったら、取った時につく跡が見返しの美しさを損なう。

また、値札を貼るときも、つまようじの先で、わずかに糊をつけて貼ることにしている。なるべく札を取った跡が残らないように心掛けている。少しでも美しかれと祈る、娘を嫁にやる親ごころでもある。

達筆で書名、初版、売価などを書いた帯を古書に巻いて、表紙が見えるように展示すると、古書が重く光る。

あいにく、私は文字を書くことに全く自信がない。下手な字で書いた帯は、古書の値打ちを損なう。後ろの見返しの次のページに値札を貼って、本の背文字で勝負している。

「売り物に花を飾る」ということがあるが、古書の場合、その帯が花だろう。

いつかの古書展の時、お客様が、各コーナーを丹念に回って、抱えた本がいっぱいになるとカウンターに置いては、また探して来る。値札の帯を取ったところで、「合計〇〇円でございます」と申し上げた。

「これ私の本だったかな」と納得しかねるように首をかしげる。

「値札の帯をのけたら、衣装をとった花嫁さんみたいなものやね」と笑った。

古本屋のこころ　中

「旧家の倉を壊しに行ったら、本は燃やすというので、もらってきた」と言って段ボール箱を持ってきたのは、作業を手伝った人だった。本の形を成しているのは三冊ばかりで、期待がはずれた。多分必要なものは取りのけた後だったのだろうが、こうして持ってきて下さることがありがたかった。その中に、表紙もなく、背文字も読めないような薄い本があり、パラパラとめくった時「秋水」の文字が見えた。

奥付のようなものはないけれど、本文は欠けていない。刊行本の広告などから見て、幸徳秋水の評論集と思われた。

表紙を付けて本の形に手を入れるのも、未熟な私には手に余る仕事と思われた。いっそこのままでと、セロファンの袋に入れて棚に乗せた。

二、三日して、詩人の猪野睦氏がそれを見つけた。「猪野さんがくると店の本が喜ぶ」と、生前片岡は言っていた。常々私も思うことだが、本が買う人を選ぶのではないだろうか。

数日して、猪野氏は手製の箱付きで、立派に表紙も付けた『幸徳秋水評論集』を持ってきて見せて下さった。彼はこのシリーズを幾つか持っていて、丁度持ってなかったのを見つけたのだった。本が彼を選んだとしか思えない。

猪野氏の手製の箱は、色マジックで簡単なデザインをして、いい感じに仕上がっていた。猪野氏の喜びを、文字通り手に取って見せてもらった。

本が大切にされるのは本当にうれしい。

古書の修理を片岡もよくした。そして上手だった。なかでもうまくできて、本人も売るのが惜しくなったのか、出納帳などを置く棚にずっと置いてある本がある。

見返しに、マジックで一面に書き込んであったのをきれいにはぎ取り、表紙の色との調和もとれていて、ちょっと見には、補修した本とは気づかないようなできばえだ。

補修した本は、値を付けるところに「補修」と断り書きをして売るが、一冊ぐらいは片岡の仕事として、売らずに保存したい。

その本は『小林秀雄とベルクソン 「感想」を読む』(山崎行太郎著・彩流社刊)である。九一年一月十日という発行日を見て気づいた。一月十日は片岡の誕生日だ。彼は平成四年、つまり九二年に亡くなっているから、補修の仕事としては、多分、最後のものと思われる。

私は、片岡も店番をしていたずっと前からそこにあるものとして気づかなかったが、発行日と誕生日が同じということで、ぐっと胸に突き上げてくるものがあった。

書名とともに、この本には片岡のこころがある。こころは売り買いするものではないから、「タンポポ書店」の宝物として、大切に保存したい。

和紙の糸綴じも、ほつれたり切れたりしたものを補修する時、綴じ方が分からず、片岡はまともな本をほどいて、何度か試行錯誤のすえに会得した。

綴じ糸も、本によって替え、いまも幾種類かの糸が残っている。

私はまだそこまでとどかず、もっぱら、活字本の補修だけだ。

『萩原朔太郎選評 戀愛名歌集』(第一書房・昭和六年刊)。フランス装の普及版。

本文は落丁もないが、惜しいことには裏表紙が破れている。痛々しい。幸い表は汚れもなく、本の筋もいいので、何とか補修したいと思った。

まず、表の紙の古び具合に合った、そして表紙にかなう紙でなければならない。私の座っている廻りは、知る人ぞ知るごみの山だが、ただし単なるごみではなく、こうした場合のために間に合う、紙、ひも、箱、セロファン、袋等々のリサイクル品の宝の山である。即、裏表紙にちょうどの紙が見つかった。

糊もこのごろ良質の物があるために不器用な私でもそこそこの補修ができる。パラフィン紙で表紙を包んだ。良くできた。

大詩人朔太郎に、ほんのちょっとお手伝いできたようで、大変幸せな一日だった。

来春卒業を控えて、就職活動中の学生G君。物作り、つまり手作りの何か物を作る仕事に就きたいと言う。ついては、東京の地図に、いろいろな店の名も書き入れたものはないだろうか、と言う。すかさず私は、西岡寿美子著『土佐の手技師』を棚から取って示した。

「これは東京のあなたが希望している地図ではないけれど、物作りのなにかヒントになるのではないかと思いますよ」

しかし彼は、ちらちらページをめくっただけで、すぐ棚に本をもどした。

それからしばらくたって、またやって来た彼は、真っすぐ『土佐の手技師』に手を伸ばして「これ下さい」と言った。

『土佐の手技師』は、故人になられたギター制作者の田村広氏、表具の石川良治氏をはじめ、手漉き和紙、尾戸窯元の陶工、古代塗師、土佐凧絵師、竹細工、染色工芸、珊瑚彫刻師等々、土佐を代表する物作りの名手を詩人の西岡氏が取材し編集した本だ。

「東京へ行かんと、高知におることにしたかね」

「まだ決めたわけじゃないけど、高知にいたら〝よさこい〟も踊れるしね」

おりしも、一日後に〝よさこい祭り〟をひかえて、街のあちこちに祭りの気分がみちみちていた。

都会と地方の豊かさについて、彼と交わした会話も無駄じゃなかったかもしれない。そして、G君のレーダーにビビッとくる手技師に出会えるように祈った。

☆

「好きな本にかこまれて、うらやましいご商売ですね」

「なんぼでも本が読めていいね」

などと言って下さるお客様がいる。本の好きな人には、本の中にいることだけで、幸せに思うものか、心からうらやましげである。

豊かなくらしとは言えないが、三人の子供たちが自立した今、健康で古本屋を続けていけたら、これ以上のことは私は望まない。

長女が四年生ぐらいの時、「お父さんとお母さんは、どうして古本屋をはじめたが」と、言った。古本屋が不服そうに私には聞こえたので、「菜絵は何屋さんだったら良かったたが」と問い返した。

「ホテルとか、喫茶店なんかだったら良かったのに」と言った後で、「古本屋よりお金が儲かるやろ」と続けた。

父親が、アルバイトにトラックに乗りながらの商売。両親が一生懸命働いても、なかなか楽にならない暮らしぶりを見て、もっと儲かる商売をなぜやらなかったのかと、長女は子供ながらに考えたのだろう。

「仕事はお金がたくさんできるだけでなく、自分が楽しくできる仕事でなくてはね」と私は言ったことだった。

☆

私がよく立ち寄るリサイクルの紙の原料屋つまり〝立場《たてば》〟でちょくちょく出会うご夫婦がいる。小型のトラックで段ボールや古雑誌などを運んでくる。善人の見本のようなご夫婦だ。

　この店とは永い間の付き合いで、私のために比較的新しい雑誌などを集めて下さっている。それを商品になる物と、ならない物をより分けている私に、そのご主人が言う。

「誠にもったいないね、その週刊誌はまだ新品じゃが、これほど物を捨ててからに、これからの人間にえいこたぁないわね」

「もったいない、が、古本屋の心やからね。ここへ集まって来たものは、私が拾わなかったらただの紙の原料にされてしまう」

　私はまた、古本屋は文化財として、残すに値する書物とせぬものを、篩《ふるい》にかけていく役目をも担っていると自認している。保存状態も極めて上等で、広重の『名所江戸百景』もここで安く手に入れた。昨年の古書展で、市場値のさらに六分の一ぐらいで買っていただいた。

ありがとう

お客様が、「これください」とカウンターに本を差し出された時、私は電話中で、長距離の幼友達からだった。

中年のお客様は、私が通話中なのを見て、本に付けた五百円の値を私に示して、代金を置き、包装は要らないと手振りをしてお帰りになった。

お客様に申し訳なく、すこし大きな声で心から「ありがとうございました」と言ってから電話にもどった。

「ありがとうございます、もなかなかのものだわね」

電話の彼女は、お世辞ばかりではなく、感心した口ぶりで言ってくれた。何のことはない、彼女は幼友達、初めて触れた生活人としての私の一面が、ちょっとだけ新鮮に映ったにすぎない。

店を始めたばかりのころ、「ありがとう」が難しいでしょう、と言ってくれた人がいた。私は深く考える間もなく、十円でも売れたことが本当にありがたくて、すなおに心から「ありがとう」と言った記憶がある。本当は難しい言葉のはずなのに。

結婚して最初に住んだところが、高知県の西部、中村市だった。近くの、日用品や野菜を売る店の人が無愛想で、行きにくかった。その前は関西に住んでいて、大阪商人になじんでいたせいばかりではなかった。

「ありがとうございます」は商売人ではなく、商品を買ったお客様の方が言うのだった。

例外なく「ありがとう」または「ありがとうございました」と言う客の中で、店の人が黙って手渡してくれる野菜を、私はかるく頭を下げただけで帰ってくるのは、いかにも目立つような気がして、理不尽でならなかった。

それなら、自分も「ありがとう」を言えばいいのに、自分は客だという意識は、それが言えないのだ。

そのことを夫に話した。

昔、土佐は遠離の地、中村はさらに遠く離れた土地。町のようになんでも豊かに品物があったのではない。売ってやる商人が偉かった。客は買わせて頂くのだった、と夫は話してくれた。

それが気質として残っていると考えたら、抵抗無く「ありがとう」が言えた。でも、売る方にも「ありがとう」の一言があったら、店の雰囲気がふくらむのに、と思った。

私の中村の体験も、ざっと四十年昔のこと、今はかつて私が感じたような店があるとは思えない。物があふれている昨今殿様商法では立ち行かないと思う。

私の土佐の暮らしも長くなって、五十円の本を売っても、お豆腐一丁買っても「ありがとう」はごく自然な言葉になった。

売買にかかわらず、「ありがとう」という言葉を聞いて腹が立つ人はいないし、素直な心からしか「ありがとう」という言葉は生まれない。

高知西武古書展の出店仲間、大阪杉本梁江堂の杉本豊三さんは、私の息子ぐらいの青年だ。年に一度、古書展で一緒に仕事をしながら、私はいつも彼に教えられる。

接客の時、「おおきに」「ありがとうございました」をじつに滑らかに、ふんだんにつかう。商人臭さがなく、快くひびく。

電話の時も、用件が片づいた後に、懇ろに手を振って別れを惜しんでくれるような、「おおきに」「ありがとうございました」に送られて受話器を置く。

彼の「おおきに」「ありがとうございました」をまなぶのは、彼の素直な心こそまなぶべきだと思い知らされる。

ある県民性

古本屋のお客様の中には、よく似た生活のリズムを持っているらしい人たちがいる。

似たもの同士が、再々店で出会う。

また、尋ねる本も同じジャンルとあって、同じ時刻に、同じ棚の前で何度か出会えば、どちらともなく声を掛け合って、いつの間にか仲間になっている。

二度三度出会うと、例の相手が見えないと、どこか悪いのではなどと思うらしい。私に、その仲間の安否を尋ねたりする。

「ここでよう会うが、おまさんお名前なんと言いますぞ。わしゃぁ杉本言いますが」

「私は弘田と言います」

「ひろ田は、弓偏の弘田かね」

「そうです」

「ほんならおまさんも長宗我部じゃね。わしんくも、長宗我部じゃ。どうりで、ここでおまさんにご縁があるわね」

どこやら落語にでもあるような会話を聞くことがある。

また、別の中年の女性客は、郷土史関係の棚の前で、

「あたしゃぁ、岡豊《おこう》の長宗我部じゃけんど、お父さん（夫）は、掛川から山内と一緒に来たがやき、ほんで、あたしらぁ、仲が悪いわね」

お客様には悪いけれど、思わず私は噴き出しそうになる。

何百年もタイム・スリップして、まさに、目の前に、敵または、味方と対峙している。私の眼には真に迫って見える。

タイム・スリップどころか、我がルーツが無意識に、常に言動を支配している。

高知の県民性を表す一つだと思う。

誇り高いだけに、我がルーツに関わることの探究心が大変に旺盛なことが、古本屋には見えてくる。

どんなジャンルも、深く追求すれば、自ずと広く、あらゆる世界に通じていく

ように、入口が身近な、ルーツから、土佐の歴史、日本の歴史、ひいては世界へと広がっていく。

これは歴史に限らない。

☆

恒例になった西武の大古書展、今年は第二十四回だった。三月と十月、年に二回やったことが二年ほどあったが、二十年余り続いていることになる。

高知県の県民性を「熱しやすく冷めやすい」と決めつけて言う人もいる。

高知の古書展の始まりは、昭和五十三年だった。四国の他の県でも同じころに、主にデパートで開催している。

二十年たって、四国では高知だけが続いている催事だ。

この催しを楽しみにしている人たちがたくさん居て、初日のあのにぎわいを思うと「熱しやすく冷めやすい」のは、どこをさして言っているのかと思う。

板垣退助創立の立志社などが育んだ学問の心が脈々と流れ、今も生きていることを感じる。

私は単に古本屋の目で見た一部から、県民性などと大きく言ったかもしれない。古本屋は、第一に利益の追求という大きな経済的な背景を持つ。継続は多岐にわたる複雑な事情もある。いつのころからか中止になった他県のことは、とやかく言うべきことではないので、置くことにする。

古書展の継続一つをとって、決めつけることではないとしても、古書を探究する情熱においては、「熱しやすく冷めやすい」という県民性を表すことに当たらない。

業者の私たちの方が、刺激され、回を重ねるごとに示唆されることが多い。

遠来の客

私の店に、きちんとした定休日はない。

お客様のためには、定休日を決めてあった方が好都合なのはわかっている。

店の前まで来て、「本日休業」では、だれでもがっかりする。

店番をする私としても、休業の翌日、または、翌々日、「せっかく来たのに、店は閉まっていた」「昨日は休んじょったね」と言うお客様に、ひたすら「ごめんね」「すみません」を繰り返さなくてはならない。

それを言うお客様は、別々でも、聞くこちらは、一手に一人で受けなくてはならない。

交代要員のない悲しさで、店主でもあり、目下、家長の役目もある私は、浮世の付き合いのため、再々臨時休業をせざるを得ない。お慶びの場合、早めに休業の日を決めることができるが、不幸は、不意にやってくる。

冠婚葬祭によらず、のっぴきならぬ用で、臨時休業することもあるが、基本的には、自分だけのために店を休むことはない。

健康に恵まれていることに、常に感謝している。

☆

南はりまや町の郵便局とは、目と鼻の先の間柄で、郵便以外のことでも、何かと毎日のようにお世話になっている。

長年、局で使っていた黒板の日程表を、白板に取り替えた。

局長さん自ら、取り外した黒板を持ってきて下さった。チョークの箱ごと、黒板ふきも付けて。私は喜んで頂いた。

以前は、月毎に、休業日の予定を書いた紙を、入り口のガラス戸に貼り出していた。

今は頂いた黒板を入り口の横に打ち付けて、日程表を活用している。

「かっこう良くなったね」

私よりも、お客様の方が喜んで下さっている。

日曜、祭日でなければ来られないお客様（たぶん郡部の方）が何人かいて、その方たちは必ずといっていいほど来てくださる。店をあてにして来てくださるお客様がいるうちは、日曜祭日といえども、店を開けることを最優先した生活にしようと思う。

今年のゴールデンウィークのこと。

熱心に棚と向き合っている女性のお客様がいた。見かけない方のようだったので、近々予定している恒例の「西武古書展」のご案内をした。

「いま入り口のご案内を見て、もうちょっと来るのが遅かったら良かったのにと思いました。山口から来たのです。とても残念です。夫が、内藤湖南と田岡嶺雲の交友関係について調べているので、何か資料がないかと探しています」

そして自分の郷里は、岐阜で、夫の仕事で今は、山口に住んでいるのだという。

「岐阜と言えば、去年の暮れに、私ぐらいのご夫婦が、閉店間際にタクシーで来られました。後で、遅くにお邪魔して申し訳なかったと、大きくて美味しいりんごを送ってくれました。岐阜の方でした。私は、岐阜県と言ったら、杉原千畝《ちうね》ぐらいしか知りません、と言いましたら、それで充分です、とおっしゃって、私は恥ずかしかったです」

するとそのお客様も
「私もそれで充分です。尊敬している方です」

杉原千畝は、ナチス・ドイツ軍による、逮捕虐殺を逃れてきたユダヤ人にビザを発行して、六千人もの人命を救った立派な外交官。私の知っていることは、たったそれだけ。それでも、私が、杉原千畝という名前を知っていただけで、心から喜んでくださった。

岐阜県民が、いかに杉原千畝を誇りに思っているかを知った。

異境の地で、郷土の偉人の名を聞くことは、うれしいことに違いない。

私たちが知らない土地で、土佐の人間だと名乗った時、「龍馬の生まれた国ですね」と言われるようなものだろう。

古本屋は、いい本を安く売るだけがサービスではないと、知らされた気がした。

天井画廊

画家の坂田和氏から、特大の映画のポスターのような、大きなカレンダーが届いた。三年前のことである。

女性の顔と、鳥と、花を幻想的に組み合わせた、坂田氏の個性的なエッチング。縁にカレンダーが刷り込まれていた。一年を二つに区切った、二枚ものだった。

古びたわが家のどこにも、坂田氏のエッチングが、違和感なく収まるところはなく、かと言って、ただ丸めて置けない迫力がある。

あっ、あった！

坂田カレンダーを展示するところが見つかった。

店は入り口以外、壁面はすべて本棚に占められている。天井に気づかなかった。

店の天井に広げて、画鋲でとめてみた。カレンダーの数字は、少し遠くて見えにくいけれど、気兼ねなく全部広げることができた。

でも、他にこれを頂いた人は、ちゃんと貼る所があっただろうかと、人ごとながら心配になった。

☆

町　　　　　杉山平一

歪んだり
潰れたり
ぐちゃぐちゃになったり
これは水に映った町
ではないのか

風よ　吹くな
ひとよ、石を投げるな

水面が端正にしずまるまで

『詩集・阪神淡路大震災 第2集』の巻頭にあったこの詩。私は一読して、涙が流れてならなかった。

神戸は、私にとっても、かけがえのない青春の街でもあった。三宮が炎上するテレビの画像を見ていて、神戸が私の青春の街だったころ、井上靖の小説「三ノ宮炎上」を「小説新潮」だったかで読んだことを思い出した。

炎上するその背景が違っても、再び三宮が炎上していることがただ恐ろしくてならなかった。そして悲しかった。

正確なメタファの詩は、いかに強いインパクトで、心を打ってくるかと言うことを、杉山氏の「町」の詩によって知らされた。

神戸の同人誌「輪」の誌上で、「町」の詩が、東京消防庁のポスターに採用されていることを知った。

何とかして、そのポスターを見たいものだと思っていた。東京消防庁へ手紙を書こうと思いついたが、その前に、杉山氏にそのことを手紙に書いた。

杉山氏はさっそく送って下さった。

石を投げられた水面に映った町のように、ぐちゃぐちゃの町並みの写真に、「町」の詩が印刷されたポスター。

これは、私蔵すべきではない。一人でも多くの人の眼に触れて欲しいものだと思った。

タンポポ書店の天井画廊へ展示することにした。カウンターに座って、眼を上げると丁度眼に入るように、セロファンのカバーをして貼った。

「東京消防庁のポスターがどうしてここにあるの」と聞くお客様がいる。「たくさんの方に見て頂きたいと思って」と私は答える。

私の店は六坪程の小さな店だ。しかも、中央にも本棚があって、狭く、天井も区切られている。

「天井画廊」なんて言ったら、広々した面と思われるに違いないが、ささやかなお遊びの感覚で言ったにすぎない。

最近、キャロル・リードの映画『第三の男』のビラも「天井画廊」に加わった。

四と五の話

店を入るとすぐ左手に、廉価本の棚を設けている。ドア一枚ぐらいのコーナーで、一番上の棚が二百円、以下百五十円、百円、五十円、三十円、十円となっている。

このコーナーは、開店以来のもので、本の好きなお客様は、店主のこのコーナーの趣旨が分かるらしく、まずここをよく見てから、目的の棚へ目を移して行く。本のジャンルを問わず、値段で棚へ入れていく。本は左から右へ移行して、その値で売れ残ったものは、一段下がって安くなる。

ただつぶすにしのびなくて、それに、損をなるべく小さくするための方法だった。こちらが目玉と思って、この棚へ乗せたものも、最近動きが鈍い。古書業界全般の傾向だから、この棚にかぎったことではない。

慣例で左から右へ本をずらしているのを、ひとつ転換して、右から左へ動きを変えてみようかと思う。文字どおり右から左へと、本が動いてくれるかどうか。

古書収集家の惣郷《そうごう》正明氏は「古書通信」で〝十円の棚に岩波文庫が並んでいる店〟と「タンポポ書店」を紹介して下さったことがある。昭和四十年代のことである。

時代は変わって、十円の値のついた棚は全く動きがなくなった。三十円、十円の棚を全部五十円にした。

五十円より、十円が安いから得な気がするのに、不思議に、十円より五十円にした方がよく動くのである。

十円の棚にろくな本が有るわけない、と思っているのか。プライドが邪魔をして、十円の棚を覗かせないのか。お客様の心を私も読めない。

十円の本と言えばこんな事があった。

開店当初からのお客様で、高校教師の木戸昭平氏、『川柳でつづる土佐の昭和50年史』（共著）をはじめ著書も何冊かお持ちの、国文学の先生だ。

「今日はパチンコで勝ったき、古本買って帰ろう」

先生もこの廉価本のコーナーのファンのひとりだった。

「さすが文士やね、パチンコの儲けを古本に代えるとは」

氏は、酒場の「とんちゃん」の常連であって、出来上がると誰に言うともなく、

「わしゃぁ山原党じゃ」と宣言するのだと、同じく常連の片岡に聞いていた。わたしの店でもいつも面白い先生に、つい私も軽口をたたいた。

「わしゃ文士じゃないぜよ」

「失礼しました。先生は、文士（四）じゃなくて、文豪（五）でした」

「わしゃ豪は豪でも、酒豪じゃ」

私は笑いころげた。

木戸先生は、自認する酒豪でもあった。土佐人らしい愉快な、人なつっこい方だった。

「K先生の本が十円つかよ、これはわしが連れて帰ろう」

K先生はすでに故人で、木戸先生の先輩だったか、尊敬する先生だったかもしれない。

先の、私との会話の間も、先生の目は二百円の棚から、順に下がって、ついに十円のところでK先生の、教育の現場に関する随筆集に目が止まったのだった。

「よし、こりゃあ、わしが連れて帰る」
今度は、自分自身に言うように私には聞こえた。

☆

木戸先生の訃報を聞いたのは、その日から一週間も経っていなかった。私はこの事を、入院中の片岡に言わなかった。彼は、最初の手術が成功して、付き添いの必要がなくなったところだった。

K先生の本を連れて帰るつもりで、木戸先生はK先生に、彼方に連れて行かれたのではなかっただろうか。合掌。

*山原党とは、元衆議院議員、山原健二郎氏を支持しているという意味。山原氏は共産党所属議員としては異例の30年、連続10回の当選を果たした。

八波先生

本を並べた棚には、上段の棚との間に三センチぐらいの隙間がある。この隙間に本を横にして、背文字が読める向きに差し込む。片岡は、これをやると本棚の本が、二割ガタ安っぽくなると嫌った。

私も喜んでこれをするわけではないけれど、本はどんどん増える一方。むげに捨てられず、かと言って、どんどん売れる物でもないので、たとえ二割ガタだろうが、三割ガタだろうが、安っぽく見えても仕方がない。

捨てるよりは、チラッとでも、お客様の目にとまって、あわよくば一冊でも売れてくれることを願う、なりふり構わぬ選択と言っていい。

手に取って見たい本が、上に横になっている本のために、取りにくい時など、「やはり横に差し込むのを止めよう」と思う。

また、本を手に取って見た後、背文字が見えないように戻すお客様がいる。「やはり入れにくいのだなあ、横に差し込むのをやめなくては」と思うのだが、氾濫する本の洪水の中に、このようなあけくれを繰り返している。

☆

亡くなられた高知大学の八波直則《やつなみなおのり》先生が小津の官舎にお住まいのころ、一度お訪ねしたことがあった。「タンポポ書店」を開業する前のことだった。

玄関からぎっしりの本棚で、三和土《たたき》にせり出た棚は、式台の高さに揃えて足を継ぎ足してあった。

棚はきちんと整頓されていて、印象的だった。お宅の本棚が整頓されていたことにも窺えるように、古本屋の本棚にも、先生は一言あって、本の栞にするリボンが、本からはみ出て、棚に垂れ下がっているのが大嫌いだった。

バスの待ち時間に、ちらっと寄って下さる時も、先生はお話が好きで、こちらは伺う一方。「はい」とか「ええ」とか相槌を打つばかりだったが、おしゃべりの間も、本棚に垂れているリボンを、一冊一冊取っては、本のページに折り込んで、きれいに片づけて下さるのが常だった。

☆

大学の先生という職業のせいばかりでなく、先生は一種〈教え魔〉ではなかっただろうか。私の方は、行きたくても行けなかった学校の先生に、マンツーマンで教えて頂ける、有り難いチャンスではあったけれど。

今は無い、懐かしい中須賀《なかすか》の名画座の入り口で、偶然先生に出会った。この映画館から出ていらっしゃる先生も、店を閉めて帰宅の途中に、私は何度か、お見かけしている。余程先生は、映画がお好きだったらしい。

何の映画を観るべくだったのかも忘れてしまったけれど、映画館の中で先生は『O嬢の物語』について、えんえんと私に講義して下さった。

八波先生のまな弟子でもある、ディラン・トマスや近年オクタビオ・パスの訳詩集などのある真辺博章氏が、高知学園で教えていたころ、「語学力をつけるには、エロ本を原書で読むにかぎる。たとえば『O嬢の物語』のような」と言っていたことを、私は思い出していた。

館内の観客はまばらではあったが、成人の私といえども、暗闇のなかで赤面のしどおしであった。

何の映画だったかの記憶もさだかでないのは、多分、八波先生のお講義のせいらしい。どこか可笑しく、そして楽しく懐かしい先生だった。

読書感想文

夏休みになると、お母さんが子供の宿題、読書感想文を書くための本を探しにくる。それも、肝心の子供を連れないで、お母さんだけのことが多い。

「どんな本がいいでしょうか」と尋ねられても、その子がどんな事に興味を持っているのか、どんな事が好きなのかも分からず、返事のしようがない。

もともと私は、読書感想文を夏休みの宿題にすることが気に入らない。「自由な時間のたくさんある夏休みにできるだけたくさん図書館で本を読みなさい」だけではいけないだろうか。

このごろ子供が本を読まないと言う人がいるが、本当だろうか。この場合の本は、マンガ本ではなく、童話とか、名作物語を指している。

一介の古本屋の私は、自分の子供たちの成長過程などから見て、読書感想文の宿題は、読書好きな子供を作らないと思う。本を読んだら感想文を書かなくてはいけないという重圧感が読書嫌いにしているようでならない。マンガ本は読むが、文字だけの本は読まない。マンガ本には感想文の宿題はない。マンガは面白い、となるのではないだろうか。

マンガが悪いとは私は思わない。本に無益な物は一つもない。ただ読み方が問題なだけだと思う。マンガ本も読まない子供は、名作や児童文学も読まない。

☆

私は国民学校二年生の時、鈴木克子という若い先生に『ピノキオ』を読んで頂いた。冬、風邪がはやって学級の三分の二が欠席になった。そのために特別授業として、二日だったか、三日だったかに亘って、『ピノキオ』を読んで頂いたのだ。今も私の中では、鈴木克子先生と『ピノキオ』を読んで頂いた幸せな時間が一体になって記憶されている。

『ピノキオ』の時間は、私語もいたずらもなく、だれも体中を耳にし、眼にして、先生を見つめた。少しうつむいて視線を本に走らせている先生は美しかった。ラジオのある家も珍しく、テレビもない時代だった。本も今のようにあふれてなかった。学級文庫もない時だったから、『ピノキオ』は先生の愛蔵の本なのだった。何も無い時代だったから、鈴木克子先生のプレゼントが、今も私の中で輝いているのではないかと思う。

イタリアの生んだコロディの名作、木の人形が立派な人間になるまでの『ピノキオ』のお話。まず、先生が読まれて感動し、その感動が私たちに伝わったのだ。

☆

『ビルマの竪琴』（竹山道雄著）を中学生になったばかりのころ読んで、大変感動した。その本は職員室の掃除当番の時、奥まった場所の校長先生の机の上にあった。掃除が済んでから、巨勢《こせ》校長先生にお願いして貸して頂いた。このことがあってから、何度か校長先生の方から本を貸して下さった。島崎藤村の『破戒』なども貸して頂いて読んだことだった。

たまたま店で買い入れた本の中に『ビルマの竪琴』があった。ちょうど今の娘ぐらいの時に読んだことを思い出した。いい機会だと、家に持って帰って娘にやった。

「私が菜絵（娘）ぐらいの時に読んで感動した本だけど、読んでみる？」

と言ったら見事に一蹴された。

「お母さんと私は違うもの、私が読む本は自分で選ぶ」

水のある所まで馬を連れて行くことはできるけれど、水を飲ませることはできないと言う。

夏休みの宿題も、先生も親も、水の流れている場所まで連れて行かないまでも、その場所を教えてやるだけでいいのではないかと思う。水を飲みたい子は自分で飲むだろうし、泳ぎたい子は禁止しても、泳ぐだろう。

詩集『四千の日と夜』

このエッセイの連載が始まった日の紙面に、詩人で作家の三木卓氏の「田村隆一さんを悼む」が載っていた。「荒地」の代表的な詩人田村隆一の詩集『四千の日と夜』(一九五六年、東京創元社刊、装丁勝呂忠)は、私にとっても忘れがたい詩集の一冊だった。同じころ出版された、清岡卓行詩集『氷った焰』のなかの詩句、

きみに肉体があるとは不思議だ

とともに、『四千の日と夜』のなかの詩句、

窓のない部屋があるように

心の世界には部屋のない窓がある

二十代のある時期、これらの詩句に永い間私は捕らわれていた。九月十八日の夕刊「話題」は、田村隆一の詩を「電撃のような詩」と書いている。三木卓氏にして十分理解できたとは言えない、と書いていたように、私にしても理解したとは言えないが、魅力に満ちた詩句に、文字どおり捕らわれていたのだった。

その大切な蔵書の一冊も、タンポポ書店の看板になるように思いを込めて棚に並べたのだった。幸い喜んで下さるお客様に買っていただき、私たちの思いがかなったことだった。

三木氏は、『東京午前三時』でH氏賞をとる前、詩誌「世代56」同人で、私も仲間のはしくれだった。

一度だけ出席した同人会では「詩学」の木原孝一氏、同人のタマキ・ケンジ、佐伯悠子、宗昇、那須博、関根芳彦の諸氏にお会いしたが、三木氏は欠席で会えなかった。別の機会、同じ早稲田の学生だった同人の宇津享氏に、学生集会で三木氏が雄弁に演説をした話を聞いたことだった。

木原孝一氏は熱っぽい詩人で、同じ「荒地」の田村隆一氏も作品とは違った、熱っぽい詩人のように私は思っている。会ったこともないのに。

清岡卓行の『氷った焔』は、梅田の旭屋の詩書のコーナーで何度も手にとり、岡鹿之助の装丁にもうっとりしながら、お金がなくて買えなかった。先にあげた詩句だけが、今も時により口の端にのぼることがある。そして胸が震える思いがする。

県立文学館へ行くと、ガラスを隔ててではあるが、『氷った焔』を見ることができる。

私の青春がそこにあるような気がする。

☆

文学館の一つの存在理由は、かつて出合った、文学あるいは一冊の本にあうことで、リフレッシュしたり、出合いそびれた本にあって、新たにファイトを燃やしたりできる点にあるのではないかと思う。

図書館はさらにそこにある本を借り出して自分の身に引き寄せることはできるけれど、一人の作家や詩人の世界へ誘う工夫や仕掛けは文学館のものだろう。

古本屋は街のなかにあって、小さくとも文学館と図書館をもっとも手近に併せ持ったものでありたい。

☆

店の前の道路を掃いていたら、「こんなところに古本屋があったんだ」と言って通り過ぎた五十代かと思う女の人がいた。その人は、この辺りでよく見かけるお顔だった。

この店がこの場所へ移転して、もう二十年余りたつのに、本に関心のない人は、再々通っても気づかない。

いつも通る路で、ある時、更地になっていると、以前あった建物がどんな物だったか、何か商っていたのだったか、まったく分からない。そんな体験がいくつか私にもある。

本を売り買いしていても、同じことが言える。本の題名、著者名を知っていても、その本の内容について皆目無知なことだ。私の手を経て買い入れられてはいても、本の世界にまでは届かないのがほとんどだ。

「こんなところに古本屋があったんだ」と言った人となんら変わるところはない。お客様に問われても私の関わることができるのは、ほんの一握りの本である。古書の海も深く広い。だからこそ未知の本に出合う楽しみもあるというものである。

三國一朗氏のこと

「片岡幹雄兄　恵存　三國一朗」とマジックインクでサインした本がある。
『徳川夢声とその時代』（三國一朗著、もんじゅ選書23　講談社刊）である。

夏季大学の講師で、三國氏が来高した。

その日は、店の入り口に張り紙をして、私は近くの西武デパートで、春と夏休みには恒例になっていた出張販売に出ていた。

普段は、店を前半と後半に分けて、夫と交代で店番をしていたが、私が出張販売の時は、夫は一日中交替なしなので、開店時間を遅らせていたのだったかもしれない。

私が西武の売場にいると、テレビでおなじみの、ふっくらとにこにこした三國氏が、美しい奥様と私の目の前に立っていた。テレビやラジオで聞く同じお声で。

「タンポポ書店さんですね。お店は閉まっていたんですけど、欲しい本があるんですよ」

出張販売中の張り紙を見て、三國ご夫妻は西武へ回って来て下さったのだった。三國氏は入り口のガラス越しに店の棚を眺めたものらしい。店売りは足の早いものを中心に並べているので、三國氏のお目にとまるようなものは、何かあっただろうかと心配になった。

すこしも有名タレントぶらない、ずっとまえから知己のような感じで、つい私もそんな錯覚をしたほどだった。

幸い家にいた夫と連絡がとれて、まもなく店を開けて見ていただくことができたのだった。

『鷗外荷風万太郎』(小島政二郎著、文藝春秋刊)だったかを買って下さったと夫に聞いた。小島政二郎の随筆が出たら知らせて欲しいとおっしゃったと言う。『徳川夢声とその時代』が届いたのは何ヵ月かたってからだった。

マスコミにも支持され、『徳川夢聲の世界』芸術選奨文部大臣新人賞、『肩書きのない名刺』日本エッセイストクラブ賞など、この時でもすでに数々の賞を受賞し、立派な仕事をなさっていた。にもかかわらず、田舎の小さな古本屋も覗き見る、その好奇心と情熱に拍手する。

スターとか運動選手が見せる、演技やプレーの場面に人は拍手するのではなく、それ以前の努力や情熱に拍手するのだと気づいた。

三國氏とは、長い時間一緒だったわけではないが、忘れられない雰囲気があった。本によせる心に沁みてくる、滋味のようなものがあるのではなかろうか。

☆

今年になって一度もお見かけしない、気になっているお客様がいる。古本屋を始めたばかりのころ、『新・平家物語』(全二十四巻、吉川英治著、朝日新聞社刊)を買って下さったお客様だ。初めてセットものを買っていただいたので覚えている。『新・平家物語』は、週刊朝日に連載で、「夢声対談」とともに好評だった。

ある時、夫が市内の裏道を自転車で通っていて、新・平家物語のお客様を見かけた。

軒の低い家に入っていった。軒下にいつも乗ってくる、荷台の大きな自転車が止めてあったから、ここが、あのお客様のご自宅だなと思った、と夫は言った。

小柄でそのころすでにおじいさんといった感じで、兵隊さんのお古のような軍服を着ていた。その服装は、夏は白いシャツになるだけで、何年も何年も変わらなかった。

一度だけ例外があった。

ネクタイなしの背広姿で来られたことがある。

「東京の息子の所へ行ってきました。神田の本屋を覗いてきました」

若者のようにお声が弾んでいた。私は、この方に息子さんがいらっしゃることが分かってうれしかった。

「本は包まなくていいです」

本をお渡しすると、しっかり脇の下に抱くように持ってお帰りになるお客様だった。

軒の低いお住まいで、質素な身なり、でも本によせる心に沁みてくる滋味を、いつの時もしみじみ味わわせて下さるお客様だった。

タンポポ日和　上

店に入って来て、私の顔を見た途端、

「ボンジョルノ」

と言ってにっこりした青年がいた。私も少しにっこりして言ってやった。

「ボンジュール」

「おばさん覚えていた、僕のこと」

「覚えてる覚えてる、イタリアにペン・フレンドがいるんでしょ」

だから、ふにゃふにゃのフランス語でやり返してやったのだった。

イタリアのペン・フレンド。つまり彼女が、日本の観光地の写真がふんだんにある本が欲しいと言ってきたので「そんな本ないかなあ」と言った。

私も希望をかなえてあげたいと、店内の棚をあちこち探したけれど、残念ながら適当なのが見当たらなかった。

「また、心がけて探しておくわね」と私。青年は帰って行った。

外国に彼女ができて、楽しくてたまらない。そしてだれかれに自分の幸せを伝えたい。そんな雰囲気をいい感じにふりまいていた。その時の青年だった。

その彼、今日はちょっと趣がちがっていた。

「司馬遼太郎の『風神の門』無いかなあ」

私は、古本屋に来て、自分で探しもしないお客様には、大体冷ややかである。古本屋に入ったら、あちこち自分で探すのが最大の楽しみとしている私としては、最初から楽しみを放棄しているとしか思えないお客様には容易に近づきにくい。

それなのに「ボンジョルノ」にすっかりノセられて「ボンジュール」とやった手前冷ややかでは居られなくなった。

「文庫の二冊本、四百五十円」

「ああ良かった。それ下さい。グラッチィ」

「メルシィボークウ」

私はフランス語はこれしか知らないけれど、丁度いい具合に、青年は私におあつらえの会話を仕掛けてきたのだった。

あちらがイタリア語なら、こちらはフランス語で、とおどけて。ちょっと楽しかった。

こんな日を私はタンポポ日和と名付けている。

☆

またある別の日曜日、その青年は日曜にしか見かけない。たぶん、郡部から来てくださるお客様に違いない。週日には来られないお客様のために、私は日曜、祭日は稼働時間を一時間半縮めてではあるが、余程の事がなければ店を開けることにしている。

その青年は、時間をかけて丹念に見てからマンガ本を千円ほど買って下さった。包んでビニールの袋に入れて、おつりも手渡したところへ私に電話がかかってきた。

そんなに長電話ではなかったけれど、私は電話の方を向いていて気づかなかったが、受話器を置いて向きを変えたら、まださっきの青年はそこに立って居て、私と目が合ったところで「ありがとうございました」ときれいな礼をして帰った。

「ありがとうございました」の一言のために、私が受話器を置くのを待っていて下さったのだった。

日曜日もなるべく休まず店を開けようという、私の思いが通じていた気がして、一日中、心たのしかった。商売の励みとか、喜びは、こんなところにあると思う。

☆

若い専業主婦。

「何かあるような気がして来たら、あった」

今月号の女性月刊誌を胸に抱えてにっこり。

「包まなくてもいいです。袋持ってきました」

この方はいつも袋持参。時には集まったデパートなどの紙袋を沢山持ってきて下さる時もある。感謝。

この場合お客様にも、私にもタンポポ日和と言えるかもしれない。

タンポポ日和　下

今年は梅雨が明けてから何度も、もどり梅雨のような日が続いて、その湿度に悩まされた。

久しぶりに自転車で店に行く。やはり自転車で店に行くのと、電車で行くのとでは、どこかで心の有り様が違っているようだ。電車の場合これから遊びにでも行くようなところがあって、はりまや橋で降りて、店まで歩いて行くほんの二、三分の間に、仕事の心構えが整ってくる。

自転車は、行く道々で関わりがあったり、好きな店があったり、懇意にしている店があって、ちらちら目の端に入って通って行くうちに、店を開ける準備が心の内でできあがる。道々のひとつに、懇意にしている「くじら舎」がある。店構えは小さいけれど、名前は大きい鯨である。

額縁を作っている。「くじら舎」とは言いにくいので、私はいつも「くじらやさん」と言っている。
前を通ると、店の隣のコンクリートの塀にかがんで、何か見ている。声を掛けると、彼の指さす所に、でんでん虫がちょっと離れて二匹いた。大の男が、小さい虫に見とれているのが面白かった。私は自分の店を開けて一息ついてから、思いついたまま、戯れ句をはがきに書いて送った。

デデ虫に　玩《あそ》ばれている鯨かな　　　タンポポ

翌々日、また真夏に逆戻りのカンカン照りの日、美術工房「くじら舎」に立ち寄ったが、まだドアが開いていなかった。その翌日に、大小二匹のでんでん虫のイラスト入りの葉書が届いた。

デデ虫の逢い引き手伝うくじらかな　　　くじら

初め彼は一匹のでんでん虫を見つけ、あまりにも不毛なる行進と思って方向を変えてやった。ところがまたむきになって、もとの方向に進んでいく。不思議に思って良く見ると、一メートルぐらい先に、やや小ぶりのでんでん虫がもう一匹いたのだ。

そうかそうかと、彼は手を貸して大きい方を近づけてやった（これは男性の心理か）。しばらくして見に行ったら、二匹の姿は消えて無かった。めでたい。と結ばれてあった。

一読、思わずにんまりしてしまった。

こんなのもタンポポ日和と言っていいのかな、と思ったけれど、今日はくじら日和だ。

☆

しばらく店の隅にマンガ本の『三国志』（別冊付きで全六十一巻、一万円）を束ねて横積みしてあった。ＯＬか若いお母さんらしいお客様がそれを見つけた。ずっと探していたのだという。

「明日必ず来ますので、取って置いて下さい」

今日が取りに来る約束の日だ。X様お預かり代金一万円、と札を付け、荷もできたのに、X様はとうとう現れなかった。

私の座っている横の棚は、お預かり専用の棚で、古くは四、五年来、お預かりのものもある。幸いに野菜や生物のように腐ったりしないだけましで、たまりにたまっている。

お預かりの本に挟んだ札を見てみると、日付と名前だけのものが多い。住所や電話番号まで書き入れた札はまれにあるが、してみると、きちんと名乗って、住所、電話番号まで言って帰るお客様は、確実に取りに来てくださるということだ。では、名前も住所も、電話番号も書き入れて三年も経つのは――とその先を想像することは恐ろしい。

「お名前伺っておきましょうか」と言うのに「必ず来ますから――」と言って名乗って下さらなかった。

いやな予感が現実のものとなった。不景気な昨今、これがタンポポ日和かもしれない。

大古書入札会

大古書入札会の目録が届いた。今回は全連京都古書籍商組合が主催だ。私は大市には一度も出掛けて行ったことはない。ぜひ欲しい出物がある時は、当地の業者を通じて入札してもらうことにしている。

写真入りの豪華な古書目録は見るだけでも楽しい。繰り返し飽かずに見る。タンポポ書店が開業したばかりのころは、四国でも年に一度、高松で古書の市が立った。片岡は何度か出掛けて行ったが、私は神戸の市へ彼と一緒に行ったのが一回あるだけだ。まだ車もない時で、高松から船で、朝早く神戸へ着いた。競りも入札も慣れていないので、やっと一つ買ったが、それもゼロを一つ間違えて多く書き、高買いをした苦い経験がある。

河出書房版『横光利一全集』十二巻だった。

ミスもさることながら、市で買うのは難しい。それにまとまった資金がなければばならなかった。

今は本があふれていて、収納場所に苦慮している状態だ。個人の書斎も同じく本があふれているらしく、見に来て欲しいと電話が来るが、見たら欲しくなるし、収納場所はなく、お客様のご希望にも応じきれない。

京都の大入札市の目録に、竹久夢二が、幸徳秋水に宛てたはがきが二葉出ていた。

夢二と秋水。なんとビッグな組み合わせ、まずその事で興奮した。ダイヤモンドはダイヤモンドとぶつかり合って光り輝くのかと思った。

おりしも高知県立文学館開館準備中。協力を、とお声を掛けて頂いたこともあってぜひ手に入れたいと思った。

夢二物は偽物が多いと聞いていた。それにしてもはがきなら、スタンプもあることなので大丈夫だろうと考えた。目録の写真を眺め、目前にあるような興奮を覚えた。

T書店さんは、京都組合の理事で、先代の店主は二度ほどタンポポ書店へも来て下さったことがある。現店主にはお会いしたことはないけれど、理事ではあるし、T書店さんにお願いして入札することにした。

「目録の品は自分はまだ見ていないので、見て確かめた上で、お引き受けしましょう」と請け合って下さった。

「今度できる文学館に納めたいので、ぜひほしいのです。お願いします」

入札価格は張り切った値を提示した。

二日ほどして、T書店さんから電話があった。

「『太陽』の夢二特集号、ご覧になったことありますか」

私は見たことがなかった。そして、

「どうも自信を持ってお薦めできないです。紙の質がねぇ、それと文字の勢いもねぇ」

「でも、スタンプなども鮮明にあるのでしょう」

「スタンプのあるはがきでもね、怪しいのがあるんですわ、ちゃんとした所へ納めるにはねぇ」

歯切れが良くなかった。それにしてもこんな所にも闇の世界があったのかと、ぞくぞくと寒気がした。

ご多忙の身で、何度も電話を下さったT書店さんに深くお礼を申した。良心的なT書店さんのお陰で、ささやかに新高梨一箱のお礼だけで、偽物をツカマサレる何十万もの損をまぬがれた。

不思議なことに、それから二、三日して、雑誌「太陽」の別冊、夢二特集号を店に売りに来たお客様がいた。私はびっくりした。神様がどこかで見ている気がした。

特別付録として、夢二が秋水にあてたはがきが、真ん中を切り取った頁に、額縁に見立てて張り付けてあった。

目録の写真のはがきと比べても、私の目はにわかに判別しかねた。もし入札市へ私が出掛けていたら、簡単に偽物をツカマサレていたに違いない。

大古書入札会は、細々と地方で商っている者には、泳ぎ切れない深く広い海だと知らされた。

田中英光全集

今年の古書展の時、知人の教師、竹内直人氏が、一通り会場を見て回ったあとで、『田中英光全集』を土佐山村の村長に紹介しておく、と言って帰られた。田中英光の父親は岩崎鏡川《きょうせん》で、明治の文士であることは、名著『坂本龍馬関係文書』などで知っていたが、土佐山村出身であることは知らなかった。鏡川だから高知市出身とばかり勝手に思っていたが、鏡川は土佐山村をも流れていることをうかつに忘れていた。

竹内氏は、友人でもある土佐山小学校長の森本忠彦氏と、村長の鎌倉利夫氏が、田中英光の文学について語っていたのを聞きかじっていたらしい。郷土縁の作家の全集なら、村にあってもいいのではないかと思いついてのことだった。

うれしかった。本の大きな固まりが減ることもうれしかったけれど、郷土ものに力を入れている私としては、郷土の縁のある所へ本が収まることが何よりうれしいことだった。本が喜ぶに違いないと常々考えていた。

学校を新しく整備したり、橋をかけたり、というところから、小さな村や町も、ようやく文化的というか、心の領域まで考える機運になってきたことに心がはずんだ。

村長と校長が文学を語る風景も仄聞ながらにっこりしてしまう。

『田中英光全集』（全十一巻、芳賀書店刊）は、土佐山村教育委員会に収まるところを得た。

ある本の収集家が、古書展や、各地から送られてくる目録にも、古書らしいものが無くなったのは、市町村や学校の図書館が完備したせいで、個人の収集家に回って来にくくなっている、という意味のことをエッセイに書いていた。もし、それが真実なら喜ばしいことではないだろうか。

書物は共有の文化財だから、市町村や学校の図書館で保存活用されることが望ましいと思う。

☆

私たちが古本屋を始めたばかりのころ、夏休みとか、春休みには、ほとんど日参といった感じで本を見に来てくださるお客様がいた。登山帽にいつも下駄を履いていたので、夫と私は下駄の先生と呼んでいた。

ある時、新聞に載った郷土史関係のエッセイに添えられた顔写真はまぎれもなく下駄の先生で、広谷《ひろたに》喜十郎氏とあった。この時から下駄の先生は、広谷先生になった。

広谷先生は本当によく見て下さって、小さいものでも資料的なものはのがさなかった。当然のように、先生は県立図書館に入られた。片岡の伯父が骨とう屋をしていたが、伯父の店にも先生は実にまめに出入りしておられた。知らないものにはただの紙くずの山のようなものを、丹念に調べておられた。勤勉な人にはやっぱり神様が味方して下さるらしく、先生は貴重な資料にも出合っていた記憶がある。

せっかく貴重な資料も本も、所を得なければ十分に生かされないことが多い。その前にそこにあるものの価値を見出さねばならない。

そのためには私は自分の抱えている商品の価値をもっとよく知るための勉強を

怠っていたと自戒している。

☆

『土佐山人物誌』土佐山村教育委員会刊。

先日、新聞で紹介記事が出ていた。無論、岩崎鏡川、田中英光親子もきっちり業績が記載されているはず。『田中英光全集』は、何人かの人の心と手を添えて頂いて、縁の地に収まり喜んでいると思う。

この全集で初めて田中英光の作品に出合う人もいるかもしれない。『黄金の罠』で吉川英治文学新人賞を受賞した、ＳＦ、推理、冒険小説の田中光二氏は、英光氏のご子息である。

古本屋の本

軽四トラックで一車、古本を買ったことがある。みすず書房とか白水社のフランス文学とか、映画、演劇の本がほとんどだった。二十冊ぐらいずつ束ねてあったり、段ボール箱へ投げ込まれたりしていた。

引っ越しの後片付けを頼まれた業者の持ち込みだった。手間賃はもらっているから、幾らでもいいと言った。それにしても、本の背文字を見た限りではかなりの愛書家か、物書きだったのではないかと思われた。だったと過去形で言わせるような、不思議にこの本の持ち主は、もう実在しない雰囲気があった。

人の良さそうな運転手の一言で、自分の計算の半分ぐらいで、安く買うことができたのだった。一冊一冊ダスキンをかけたり、ふきんでふいたりした後、値を付けようとして、本をパラパラめくっていたら、表紙を本文から取り除こうとしたように、見返しの半分ぐらいの所まで裂かれていた。

でも補修したら何とか商品になると思いながら、次の本を取って開くと、同じように明らかに意図的に手を加えて、表紙を本文から取り除こうとして裂いたあとがあった。本の天地の天から裂かれていたり、反対に地のほうからだったり、ことごとく暴力的な、いや狂的な手が加えられていた。

私は本が痛々しくたまらない気持ちでなでさすりながら、本の持ち主の心のうちを思いやった。

これは本の面に現れてきたことではあるけれども、古本屋にたどりつく本にはそれぞれにドラマが秘められている。明暗あるのは、人間世界と変わるところはない。せめて、私は暗を取り除いて、明るくお客様の手にお渡ししようと心掛けている。

☆

豊かさとは関わりない所で物があふれている。本も例外でなく、私の店もあふれている状態だ。家庭の中でも似たような状態らしく、古本屋に本を売りに来る人の中には、「金はいらんき、引き取って」と言う人がいる。私は「本に対して失礼ではないか」と心のうちで言っている。

古本屋は本の捨て場ではないのだから、自分の意志で手に入れた本を、お金が要らないなら、友人なり知人に差し上げたらいいと思う。破れた靴下を捨てるのとは、本の場合違うのではないかと言いたい。

長々と本の講釈、手に入れた時の苦労話をして、この本を幾らで買うかと持ちかけるお客様がいる。

現に今、新刊の書店で売っている本と、全く同じ本であっても、古本屋の棚に並んだら古本だから、古本屋の主の評価が基準だと思う。

「定価の何割で買うか」と問われたことがある。

新刊本の場合は、本ができるまでのコスト、流通の経費などで定価が決まるが、古本の場合それぞれの本の持つ古書的な価値によって業者が判断するので、一律に何割などとは言えない。

最近それぞれの持つ古書的な価値を抜きに、一律に何割買い、何割売りという方式の店もあると聞く。古本屋というより、古本も取り扱っているリサイクル屋といった感じ。

売り場面積も小さく、ＣＤやソフトなどの知識もなく、私には、新しい商品に挑むエネルギーもないので、旧態依然とした古本屋のあけくれである。

今年の春休み、中学生ぐらいの少年と父親のような二人連れのお客様が来られた。四十代ぐらいのお父さんは、古い岩波新書数冊と社会科学系のハードカバー二冊、少年は、雑然と積み上げている本の山から、永井豪のマンガ『デビルマン』を掘り出していた。

「旅行中なんだけどね、あちこち古本屋回ってきたけど、ここでやっと四十年代の古本屋に出合った感じです」

そのころは、東京や京都の古本屋がよく買い出しに来た。高知にはときどき面白いものがあると言っていた。瀬戸大橋ができて、先の親子連れのように、家族の県外客も珍しくない。

付録のマンガ

「タンポポ書店あったんだ。懐かしい」

と言って店に飛び込んで来たお客様があった。見覚えのある女性で、今は高校の先生だという。

昭和三十年代から四十年代、少年マンガ雑誌「冒険王」とか「少年画報」などに、大判のハガキぐらいのうすっぺらなマンガの付録がついていた。

「赤胴鈴之助」「スーパージェッター」「まぼろし探偵」「ロボット三等兵」等々。

中ノ橋の店のころ、その付録のマンガを山積みして、お客様よりどり五冊十円で売っていた。

今そのころの付録マンガが、あちこちから送られてくる古書目録で見ると、一冊何千円もするものがあって驚いてしまう。私たちに先を読む目があって、付録のマンガ本の山をパックして保存していたら、きっと大もうけをしていたに違いない。マンガ本に古書値が付くということは、マンガがただ読み捨てではなく、愛蔵されるようになってきたからである。

今は立派な高校の先生になられた女性のお客様は、小学生のころタンポポ書店の店先で、山積みしていた付録マンガを愛読していたうちの一人だった。

「立ち読みばっかりしないで、買ってから読んでね」

と言う私に、

「いつも座って読んでる」

ランドセルごと土間にしりもちをついて読んでいるのだ。そして私は思い出したことがあった。

「あなたは頭の真ん中にきれいにならんで、マイマイが二つあったわね」

「エッ、なんで知ってるの」

と驚いていた。立派な社会人になって、またタンポポ書店をのぞいて下さることのうれしさ。「タンポポがあってよかった」と喜んで下さると同じぐらい私もうれしい。

長女が小学生、長男が二歳ぐらいのころ、私もマンガの白土三平に出会った。

保育園や学校が休みの時、退屈する子供に読んでやった『赤目』。子供より私の方が夢中になったことだった。

新書判型のマンガ本、マンガの単行本がこのころから続々出版されるようになった。なかでも、マンガ本、マンガ本を新書判型に採り入れたセンスに、今日のマンガ界の隆盛があるようでならない。さらにその元は付録のうすっぺらなマンガ本にあると私は思う。

☆

自転車で店に来ていたお客様がスクーターで来るようになって、次は自家用車だったり、勤め先の車だったりする。

高校生のころからのお客様は、恋人ができると一緒に店に来て、ちらちらと店内を見ただけでお帰りになった。私にそれとなく恋人を見せに来てくれたのらしい。次に来て下さった時、

「この間かわいらしい人と一緒だったね」

と言う私に、にっこりしてうなずく。

県外の大学に入学したお客様は、春休み夏休みごとにお顔を見せに来て下さる。「インドへ行っていた」とか「スペインに行って来た」とか土産話をして下さる。お客様の方は、どんどん成長し、世界が広がっても、私の方は旧態依然としたもので、年齢だけは確実に重ねているけれど、店の中はお客様の目にはどんなふうに映っているのか。

「鉄腕アトム」や「ロボット三等兵」を読んで大人になった人達は、もう立派なお父さんお母さんになっている。今度は自分の子供、または孫にも読ませてやりたい。あるいは、昔のままのうすっぺらな付録のマンガ本をもう一度手にして、その世界に引き込まれた自分に出会いたい。そうした思いの人達がたくさんいるのではないか。

マンガによって、デラックス版になっているのもあるが、自分を引き込んでくれた感触は、ピカピカに装いを新たにした重い本にはないのだ。

本は選ぶ

手塚治虫のマンガの単行本、雑誌などをかなりたくさん売りに来た母親同伴の中学生があった。このごろほどマンガが古書として評価されなかったころの話。高校入試をひかえて、勉強第一だと、マンガを売り払うことにしたと言う。中学生にしては、一本筋の通った本の買い方なので、熱心に読んだことが窺われた。幸いにお母さんが一緒だったので、

「割とまとまっているので、売ってばらばらにしてしまうのは惜しいから、売らずに大事に持っていたらどうでしょう」

と、私は差し出がましく言った。

少年の目は一瞬輝いた。

少年は売りたくて母親と来たのではなかったらしい。母親も納得して、手塚のマンガ本を売らずに持って帰った。

私たちは、もともと資本が十分あって始めた商売ではない。夫と私のささやかな蔵書も値を付けて店の棚の隙間を補った。もう三十年余りこの商売をやっていても、その時売った本で愛着のあった本に、いまだに出合えないでいる。自分たちが味わった残念な思いをさせたくない気持ちから、つい差し出がましいことを言ってしまう。

柳田國男、折口信夫、宮本常一など民俗学の学者の名著を車で運んできた人がいた。高校の教師のようなタイプで、民俗学がライフワークであれば、何か訳あっての処分だろうか、事によったらお金を用立てて、本は売らずにお預かりしてもいいと私は思った。

「本は買ったが読む間がなかった。これでさっぱりするわ」と詮索する私の心の内を見たように、ひとり言をもらした。

いくら名著といえども、読まない本なら古本屋に売ったほうがいい。個人の書斎で死蔵されるよりは、新しい読者に出合える場に差し出す方が、本の命を蘇らすことになる。

私は爽やかな気分でそろばんをはじいた。

本は買う人が選ぶものだけど、本も買う人を選んでいると、度々体験していることがあるが、S先生の場合も実感した。

☆

S先生の家は、私たちがまだ古本屋をやろうなどとは考えていなかった、中村に住んでいたころ、大きな池をへだててわが家の対岸にあった。長女より二つか三つ年上のお嬢さんと、よく水辺に下りてきているS先生や奥様を、池をへだてて遠くに見かけることがあった。池の向こうのお家にも、女の子がいる、それぐらいの関心にすぎなかった。

それが義兄と同じ高校の教師S先生のお住まいであることを、義兄との会話で知った。

S先生と親しく言葉を交わすようになったのは、二十数年たってからになる。

S先生は転勤で高知市に住まいを移され、定年退職されていた。義兄に古本屋をやっている私たちのことを聞いていたかもしれない。静かな方で、欲しい本を買われた後に、中村での懐かしい話ができる相手として、いつもしばらくおしゃべりをして帰られた。

ある日、運送業をしている人が、本を見てくれと言う。この人は、以前ご夫婦で古紙の回収業をしていた。

車庫に積み上げた歴史、民族、宗教、文学など、整理されないまま束ねた本の山を、ひとつ開いて見てあっと私は声を上げた。

「これはS先生の書斎の本じゃないですか、S先生はどうなさったのですか」

運送屋さんは驚いていた。タンポポ書店でいつか先生が買って下さった本が、三冊揃って同じ束の中にあった。

S先生は亡くなられていた。お子さんは、お嬢さん一人で、大企業の社長秘書をしていて、奥様はお嬢さんと東京に、先生はこちらで一人暮らしと伺っていた。

こちらの家を処分して東京へ移住するということだった。

「先生の奥さんは、別の本屋さんに電話しようとしていたところだったそうです」

と、運送屋さんは言った。

S先生が、いや本がタンポポ書店を選んで下さったに違いない。大切に売らせていただこうと思った。合掌。

愛車ロシナンテ

去年の暮れに私の第二詩集『きょうは美術館へ』ができたとき、まず義兄に持っていった。

義兄は扉の絵を見て、「あの自転車に乗っている絵を使わんかったのか」と言った。扉に使った絵は、私が刺していたスウェーデン刺しゅうの残り布に残り糸で、女の顔を刺し描いてあった。結婚したばかりのころの夫の作品だった。

詩集を作る時、色は朱と紺の二色を、デザインする絵本作家、織田信生氏に、私の好みとして伝えてあったので、絵は実際の色を消して、淡い紺のトーンに整えられている。

義兄の言う自転車の絵とは、帽子をかぶった人物の自転車に乗った後ろ姿の絵だ。長い間茶の間の壁にピンでとめてあったから、義兄も記憶していたらしい。

夫が描いたペン画だった。

「よう似いちょる」と舅は笑った。

「よう似いちょるって、あれは後ろ姿で目口がないけど、だれに似てるの」

私は知ってて意地悪な質問をした。

「おまさんにそっくりじゃわ」と言ってまた笑った。

舅がいうとおり、単純な線ながら、私によく似ていたらしい。自分の後ろ姿はまだ見たことがないけれど、見た人は例外なく似ていると言っているのでその通りなのだろう。あの絵はどこへいったのか分からない。捨てるはずはないから、どこかへしまい忘れていると思う。

自転車の絵のあとに、広島の衣笠選手がフルスイングしている写真も長い間張ってあった。その写真も煤けてしまったので、除いて何年もたつから、自転車の絵は多分五十年代に描いたものだったかもしれない。夫の亡くなった今となっては、わが家の幻の名画ともいうべきものだった。

今朝、いつもの自転車屋さんで空気を入れてもらった。後輪は去年取り替えたから、今年は前輪を取り替えたいと思いながら、なかなか取り替えられないでいる。

もう二十年近く毎日のように本を運んで、あちこち部品を取り替え取り替えして、ずいぶん持つものだと感心する。

人間なら自転車のように部品を簡単に取り替えることは不可能だから、その時がきたら潔く退くしかない。でもまだしばらく私は自転車を乗り続けることができそうだ。

二年程前、昔風な自転車が少年たちの間でブームになった時、私のこの丸石の実用車が、少年たちの目にとまり何度か売ってくれと声をかけられた。

「この自転車はね、お父さんの自転車と、私のと、いい所だけ取って、一台に作り替えてもらった私の宝物なのよ」と答えると、「おばさんごめんね」と言った少年がいた。人の心を思いやる少年の言葉がうれしかった。

ロシナンテとは夫が自転車につけていた名だ。ドンキホーテの愛馬の名前らしい。どの部分かは分からないが、半分はロシナンテのはずだから、今もこの自転車はロシナンテということにしている。

空気を入れただけで、またすっかり新車のように軽くなった。気分良く店に向かって走った。

この自転車は、その昔初めて買った新車だった。いつも中古ばかりで辛抱したので、新車がうれしくて織田信生氏に、車体の後ろにタンポポの絵を描いてと頼んだ。

「もっと古くなってから描いたほうがいい」と織田氏。ずいぶん走った。だが充分古くなった今もそのままだ。

タンポポ書店の近くで喫茶店のマスターに出会った。驚いたような表情で何か言ったが、よく聞きとれなかった。

「オニヤンマみたいに走って――」と言ったようだった。鉄かぶとのような私の麦わら帽子がオニヤンマの目玉に見えたのかな。そう言えば、すべるように飛んで来たオニヤンマとさっきすれ違ったところだった。西武デパートの裏で。オニヤンマのようにロシナンテが走っていると、マスターには見えたのだ。

ロシナンテが喜んでいる時はいいことがある。きっといい本に出合えるかもしれない。今日は。

古書への関心深められれば――「タンポポのあけくれ」連載を終わって

九月二十五日未明に電話があった。

土佐道路のほうでプラモデルの店をやっている長男からだった。降り続く雨に心配になって、自分の店を夫婦で見回ったあとに、回り道して「タンポポ書店」も見てくれたのだった。「あと十センチで店に水が入る」と言う。

棚という棚は、天井まで本を積み上げてあるので、これ以上、下の棚の本を避難させる場所がない実情に、その時はその時と観念、「ありがとう」と受話器を置いた。

朝、店のあたり一帯はすでに水は引いていて、むろん店のなかにも水はなかったが、濡れた本の放つ異臭が満ちていた。

水は最下段の棚を四センチほど濡らしていた。以前、義兄の書斎が水害に遇った時、本が濡れて膨らんだために、本棚がことごとく壊れたのを見て知っていたので、とにかく濡れた本を棚から除かなければと思った。

濡れたところは僅か四センチといえども、どんなに力を込めても、膨らんだ本は棚に張りついて出てこない。シャッターを開閉する時の鉄の棒を、棚の中ほどの本にハンマーで打ち込んで、踏み台をテコにしてやっと一塊の本を取り出した。濡れた本は紙の塊であって、もはや大切な商品ではなかった。

濡れて分厚い板のようになった本を、棚から取り出すのが大変だった。取り出したものは、店の軒下のイヌハシリに、山と積み上げシートで覆った。

もったいながり屋の私にしては、不思議にもったいない気持ちがわかなかった。

糊がはずれて痛んだ一冊の本を、ダスキンで拭いて、削《そ》いだ割り箸でボンドをのばし、輪ゴムで押さえて乾かし蘇生させる。それはひらひらしたページの呼びかけがあって、それに応えて私は手を貸す作業があるのだが、濡れて固まった紙の原料の姿をした本は、何の呼びかけも私にしてはくれなかった。寂しいことだったが、もったいなくはなかった。

濡れた本を除いても、何とも言えない臭いが店から消えない。消毒薬や臭い取りの薬品は、近くの薬局は品切れで、肝心の問屋のある地域は、水没しているのだと言う。二日後だったか薬局の人が薬品を届けて下さった。棚があるので、隅々までとは行かないが、一応手の届くところはきれいにして、臭い取りの薬品をあちこちに置いたが、晴天の日が続かないので、臭いが気になってならない。ぼつぼつお客様がお見えになっても、臭いが気になっているので、そのことわりを言う。「これは古本屋の匂いじゃないかね」とか「人の手が本に残した匂いじゃろ」などと、お客様はあくまでもやさしい。

トイレに入る度に、ドアの前に積み上げた本を、カウンターや椅子の上に積み替えていたが、水に漬かった本を放出したために、その必要がなくなりスムースにトイレに出入りできるようになった。唯一水害の賜物だ。

☆

私は朝型の人間で、夜はなにもできない。このごろは朝は明けにくく、日は暮れやすい。人間も他の生き物並に、朝明けにくくなっただけ眠る時間がない。連載はちょうど夏場の夜明けが早いときに、四時半か五時ごろから一時間ぐらいずつワープロに向かった。朝明けにくいこの季節なら、五十二回の連載はできなかったと思う。

連載が始まった日、心配でご主人の前で新聞を開くことができなかったと言ってくれた友人。手紙、電話、わざわざ店に訪ねて励ましてくださった方々、街で思わぬ所でお声をかけて下さったり、黙って最後までお付き合い下さった方々に深くお礼を申します。ささやかでも私のエッセイが、古書への関心を深められた方のお役に立てたなら望外な喜びとしたい。

古本屋の戦後――「タンポポ書店」の場合

「タンポポ書店」は昭和三十八年創業ですから、「古本屋の戦後」というこのシリーズからはピントがずれていることをお断りしておきます。

夫はさまざまな仕事の遍歴のすえ、生活の安定を考えて警察官になりました。そのころ私たちは結婚しましたが、夫は警察官になりきれなくて辞めてしまいました。

「暮しの手帖」で、自転車で立場まわりをする古本屋さんの記事を読んでヒントを得た夫は、古本屋を開業することにしました。昭和三十八年五月のことです。資本は、三千円で買った自転車と、自分達のささやかな蔵書、立場まわりの資金三千円、それとなにより二十七歳という若さでした。

場所は国鉄高知駅から二つ駅西にある旭駅の近くに実家があり、一部が店舗で、そこで伯父が骨董屋をしておりました。古い家具や、大きな瓶、土佐の皿鉢料理に使う大小様々な皿鉢などが並ぶ店の端に、半間の本立てを置き、手持ちの本を並べました。その前二、三日、旭駅前で、木箱の上に板戸を置き、古本を並べてみたけれど、通る人に見向きもされず止めてしまいました。けれども夫が本気で古本屋を自分の仕事にしようとしている固い意志をその時に感じました。

旭駅前通りに四坪の貸店舗を見つけて、そこを借りることにしました。屋根の上にトタンを張りつけた看板があって、塗料を買ってきて、夫が自分で「タンポポ書店」の看板を書きました。長女が二歳になっていて、親子三人の生活は食べるのがやっとでした。本棚も、お金ができたら材料を買って夫の手作りで、ひとつずつ増やしていきました。暑い夏の日、リヤカーに往きは私と娘が乗り、帰りは板材の間に娘を乗せて、夫のひくリヤカーを私が押してきたことでした。ざっとした仕事のことをハナクソアンドン（鼻くそで行灯を貼る）という言葉が土佐にありますが、夫の手作りの本棚は、仕上がりは早いが、まさにハナクソアンドンでした。

「本屋をたたむ時、楽でいい」などと自嘲していましたが、大工さんに頼んだりすることもできない経済状態でした。ひとつひとつ作るうちに勘どころを会得したものか、三十余年たった現在もその本棚を使っています。二、三年前、デパートから撤退する書店さんから「本棚を差し上げます」というありがたいお話がありましたが、創業のときの思いもあって辞退したことでした。

私たちは詩を書いていて出会ったのでした。商売はズブの素人です。詩書を沢山集めて、渋谷の中村書店のような古本屋を目指していました。二十代の初め中村書店で『左川ちか詩集』を尋ねたら、細身の黒シャツの店主が、たちどころに裏から出してくれて買わせて頂いた、あの時の感動が忘れられなくて、詩書を専門にした古本屋を夢見たのです。

詩書は売れないことをまもなく知ることになりました。でも意外に高く売れることも知りました。夫が立場で見つけた『萩原恭次郎詩集』をなるべく長く手元に置きたくて、自分たちとしては法外な値を付けたつもりが、一週間もしないうちに売れてしまいました。珍しい、いいものはこんなちっぽけな店でも売れるという、商売の面白さをこの時覚えたと思います。

旭駅の北の方に、高校野球で有名な高知高校があり、学生が参考書を売りにきます。新刊書同様にきれいなので安ければ売れると思い、ずいぶん買いました。

たまに売れましたが、買うのは先生とおぼしき大人ばかり、学生は売り方専門なので、在庫は山と残り、参考書は買わないことにしました。

今は車でどさっと売りに来るお客様がほとんどですが、その頃は手で提げられるだけ持ってこられるのが普通でした。僅かなお金で売り買いするのですから、大きな包みを提げて店に入ってこられるお客様を見たら、私は近くの姑の家にお金を借りによく走ったものです。

そのころ四国地区では、年に一度だけ市がありましたが、お金がないのでなかなか出掛けることができません。夫は蔵書家の友人に頼んで委託販売をさせてもらいました。持ち主に売値を付けてもらい、売れた時に二割こちらが頂くというやりかたです。友人に恵まれてずいぶん助けてもらいました。

旭駅前通りでは三年やりました。高知市の中心地に老舗の井上書店がありますが、そこから電車道を隔てたところに貸店舗を見つけて移りました。家賃は前のところの三倍でした。でも売上もそれに添ったもので、素人商人の私たちはヘンに感心したことでした。家賃が大きくなると、諸経費も多くなり、家族が増えたり生活はなかなか楽になりません。月末になると井上書店に本を持っていって家賃を拵えたことでした。

運送業界にいた親類のものが声を掛けてくれて夫はトラックの運転手のアルバイトをはじめました。その間、店は私ひとりでやらなくてはなりません。古本屋とトラックの運転手という二足のわらじを、夫は十年余り履くことになります。「タンポポ書店」の店名は、W・ボルヒェルトの詩句から夫が付けました。この中心地に来てお客様も増えて軌道に乗ってきた感じでした。綿毛になってふわふわと飛んでいくタンポポという名前のせいか、またしても今度は家主の都合で引っ越すことになりました。やっと見つけたのが現在の店です。

大阪の杉本梁江堂さん、亡くなられた吉永平凡堂さんがリーダーになって、西武デパートで第一回の古書展を開きました。昭和五十三年のことでした。大阪・神戸・岡山・高松からも同業の先輩が参加して下さり、県外の市にも出掛けず、我が店頭だけでほそぼそと売買していた私たちにはいい刺激になりました。

店では手にとって見る人はいても、なかなか売れずにいた『高知県農地改革史』を、開店とともにエスカレーターを駆け上がってこられたお客様が叫ぶように本の名を言って買ってゆかれました。後で他のお客様に伺ったことですが、古書展催事場は六階です。エレベーターとエスカレーターとどっちが早いか、開店前に待ち構えていた人達で議論していたようです。

年に一度の古書展は、愛書家もブックハンターもそして業者の私たちもお祭りのような雰囲気でした。お客様の要望で年二回開催したことが二、三年ありました。八十二万県民の図書費としたものが、限りがあって、結局年一度に戻し、今年は二十一回目の古書展でした。長い年月には諸先輩の業者もいろいろな事情でメンバーが変わって、杉本梁江堂さん、彦書房さん、そしてタンポポ書店の三店で定着した感じです。私の目下の気掛かりは地元の他の本屋さんに参加してもらえないでいることです。

古書展が済んだら、その日から来年の古書展の準備が始まります。

広く明るいきれい安い方式の古本屋が、高知にも幾つかあるようです。近くのお店を見せてもらいましたが、キャッチフレーズどおり、広く明るくきれいで新刊書店のようでした。値段は一概に安いとは言いがたいと思いました。広くて量が多い所にお客様が流れるのは当然の現象かとも思いました。せっかく来たので一冊でも買いたいと探しましたが、買いたいと思う本がありませんでした。こうした方式の店舗を歓迎されるお客様が多いように思いますが、物足りなく感じるお客様も少なくないと思いました。

平成四年に夫は亡くなりました。私たちには三人の子供がいますが、「タンポポ書店」は四人目の子供のようなものです。幸い子供たちは成人していましたが、それぞれの道があって店は私一人に残されました。本の買い方、補修の仕方、それから諸々、夫のやり方をなぞって、一日でも長くこの店を続けたいと思います。

沢山の友人が心を寄せてくださって、追悼集『きさらぎタンポポ』ができました。いつの日か出版も手掛けたい思いを抱きながら、ついに果たせなかった夫の思いを込めて、彼の手作りの看板を『きさらぎタンポポ』の奥付に使いました。

新刊も古本も溢れている昨今の状態です。それが本の探究を一層困難にしているとも思います。多少手続きが面倒でも通信販売が有効な手段であることは、探究者も古本屋も一致しているところです。

夫の病状が思わしくなく、店を閉める日が続くので、通信販売を始めました。何とか収入を得る必要があったのです。

必要に迫られてはじめた通信販売でしたが、売れる時も売れない時もあります。

原因は商品の問題、評価が適正であったかどうか、いろいろありますが、真に欲しい人にこの本を届けるという作業が、私は楽しくてなりません。かつて夫は、本を売るのは、娘を嫁にやるようなものだと言っていました。どんな本もぐんと安い値を付けて棚に置けばいつかは売れるに決まっているけれど、本によってはそれなりの値を付けて売ってやりたいし、その方が本も喜ぶと思います。

又、全国に散らばっている高知ゆかりの本をなるべくこちらに引き寄せて、我が店の棚に置きたいと、あちこちから頂く本の目録に目を配ります。その本に出合って喜んでもらえる機会が多いのは、何といっても地元ですから本のためにも嬉しいことと思います。

この本の一行でも出合って喜ぶ人がいるのではないかと思うと無下に本が捨てられません。たちまち古本の山ができ、埋まるようにしてカウンターの前に座っています。夕方には自転車が並ぶ店の軒下に、何処から飛んで来たのか、僅かな窪みに小さなタンポポの花が今年もついて、ついこの間までありました。これは創作ではありません。本当の話です。

「古書展」こぼれ話

古書展のお客様に、高価な本でなくとも、各コーナーを丁寧に見て回り、必要な本を拾い集めて、どっさりお買いになる方がいらっしゃる。

二冊三冊と抱えて、手にあまるとカウンターに預け、蜜蜂のようにまた引き返して別のコーナーを巡っている。カウンターの奥に、そのお客様の集めた本の小さな山ができる。

「今日はこれぐらいにしておこうか、計算してください」と言って待つ間も、なおカウンター近くの棚に、ブックハンターの眼を走らせている。

店員さんにも手伝ってもらい、古書展のために付ける値札の帯をとって計算をする。

その本の小山を前に「合計○○円でございます」。

「これ私の本だったかな」

納得しかねるように首をかしげる。

「値札の帯をのけたら、衣装をとった花嫁さんみたいなもんやね」と笑った。

お客様は、お嬢さんを近年嫁がせたということを聞いていた。実感がこもっていた。

☆

大阪から出店の「杉本梁江堂」さんも「彦書房」さんも達筆をふるって本に帯を付ける。古書展を何回も重ねて、帯の効果を充分知った上で、私は帯を付けないでいる。

残念ながら私は、稚拙なうえに悪筆でどうしようもない。「売り物に花を飾る」ということがあるけれど、古書展の時の本に付ける帯は、まさにその花を飾る花嫁衣装そのものだ。

私の悪筆の帯を付けたのでは、花を飾るどころか足を引っ張ることになる。

せめてそれぞれの古書自ずから持つ輝きを妨げない努力をしたい。

☆

「版芸術」の手摺り特集号を仕入れた。

昭和七年刊で、表紙は、料治朝鳴氏の版画「サルビア」の朱が鮮やかで美しいが、残念なことに保存状態が悪い。

幸い手摺りの版画が、八点ある。棟方志功、谷中安規《たになかやすのり》などである。

思い切って雑誌をバラすことにして、額屋さんに頼んだ。

額の裏に「版芸術」の手摺り号の作品であることの説明をつけて展示した。

その一点、谷中安規「少年時代」が売れた。

「おまんく（タンポポ書店）のがは、なんちゃあ買《こ》うたことが無かったき、これ買うわ」

お客様は、絵描きのＨ氏。

「ありがとうございます。お客様には十年余り以前にもいいものを買って頂きました。中川一政の挿絵のある『人生劇場』でした」

「おまん、昔のことをよう覚えちゅうのう」

「まあ娘を嫁にやるようなものですから」

商売ではあっても、売れて欲しくない、手元に置きたい本もある。そうした本を買ってくださったお客様が分かっていると、ほっと納得する気分になる。

娘を嫁入りさせる親の心境である。

☆

「題名を見て、本を手に取って、造りを見て、箱のすべりを試したり、あとがきを読み、目次を読みしよったら〝はやく私を買って〟って本に書いてあるような気になる。そんなことは書いてないんじゃけんど」

このお客様は、少しアルコールが入っていらっしゃったけれど、本のほうもお客様を選んで、口説いたりすることがあるのかも知れない。

神様のシナリオ

学生かOLかと思われる女性が、棚のあちこちを見ては、本を手に取って見るでもなく、なおも探求する姿勢で店の棚を見ている。

狭いくせに、古本屋はなんでも有ることがお客様へのサービスと思っている私は、きれいに分類できないまま、店のあちこちへ雑多に本を積み上げている。

初めてお見かけするお客様のようだった。小さな店ながら、何か有りそうで去りがたい、そんな様子が窺われたので、

「何かお探しですか」

と声をかけた。

「寺山修司の本を探しています」

詩書の充実した古書店を目指して出発した店ではあったが、地方というせいばかりでなく、詩書はなかなか売れない。

詩書のコーナーは設けてあるものの、その棚の前にマンガのセット物の棚を置いたために、詩書のコーナーは虐待されたように、見えにくい。

寺山修司の本を、確かに最近手にした記憶があった。私はささやかな詩書のコーナーの前に立ち、寺山修司の背文字を探した。

題名は覚えていないが薄い変形判で、棚に並べると目立つ本だった。

「すいません、最近二冊、寺山の本を手にした記憶があったので、お待たせしましたが、どうもお客様に売る時に見たものだったのかもしれません」

それから二、三日して、店頭に持ち込まれ買った本の中に、寺山の本があった。

「この前のお客様の電話番号をお聞きしておけばよかった」と思った。

その時、

「寺山の本一つ見つけたわ」

と言って、他の本と二冊カウンターに差し出したのは、何とぴったり先日のお客様。たった今、電話番号をお聞きしておけばよかった、と思っていたお客様だった。

神様が計っていたようなタイミング。先日探しても見つけることができなかっ

た寺山の本を一冊探しだしたのだ。だから私はお客様から買ったばかりで、まだ値も付けていなかった寺山の本を、

「これはお持ちですか」

とお見せしたら、

「それも頂きます。おいくらですか」

先に差し出した本二冊で千八百円だったので、買い取ったばかりの本は買値でお売りした。

「では全部で二千円頂きましょう」

お客様は、二、三日前に探して見つからなかった寺山の本を、後で見つけて取り置いてくれたもの、と思われたかもしれない。

「うれしい」と喜んでお帰りになった。

何という間の良さ。寺山の本の熱心な探求者のために、神様の組み立てたシナリオの巧みさに、私はうっとりして一円の利も取らずに、買い取ったばかりの本を買値で売ったのだった。

にもかかわらず、しばらく私はうきうき心たのしかった。

お遊びのおつり

平日、わたしの店は、十一時開店、夕方七時閉店である。その八時間というもの、私は店に拘束される。

忙しい商売であれば、私はたちまちネを上げるに違いない。幸か不幸か、めったに忙しくない古本屋。退屈しのぎに、時々面白いことをして、時間をやり過ごすことがある。

ついこの間のこと、男の人が女の人にチョコレートをもらう日、つまりバレンタインデーに、私はウイスキーボンボン百個入りの箱を買っておいた。

本を買ってくださった男のお客様に、そのウイスキーボンボンを二個なり三個なり、本の包みの上にのせて、お渡しする。

「ありがとうございました」

これはお遊びのつもりながら、日頃ごひいきにして下さる方々に、お礼の気持ちも添えている。

この際、いくら高い本を買って下さっても、女性のお客様は省いて、男性のお客様だけに差し上げることにする。

そこが、お遊びのお遊びたるところ。

釣り銭以外に、チョコレートを貰って怒る人はいないけれど、一人だけ例外があった。

「いかんいかんわしゃアルコールを止められちゅうき」

汚いものを払うように、カウンターの上にチョコレートを払い落として帰られた。

「それは済みませんでした」

こちらは、平謝り。

また、テレているのか、釣り銭や本より先に、チョコレートをポケットに入れて、黙ってお帰りになる高校生。

「ありがとう」

大きな声で言ってにっこりする青年。

本棚の前で、むずかしい顔でページを繰っていた時と、別人のようににっこりしてお帰りになる。わずか二、三個のウイスキーボンボンで、お客様にいいお顔を見せてもらえて、こちらこそ「ありがとう」をいくつも重ねたい気持ちである。

☆

カウンター近くの、推理小説の棚の前で、立ち読みしていた青年。デイパックを肩にかけ、GパンにGジャンのスタイル。三十分ほどしてやっと選んだ、綾辻行人の本を二冊カウンターに差し出した。

私はお釣りの五百円玉とウイスキーボンボンを三個、包んだ本の上にのせて「ありがとうございました」とお渡しした。

「ヒャアー、うれしい」

とびきり澄んだソプラノ。何ということか、背も高く、スタイルばかりじゃなく、どこから見ても美青年とばかり思っていた。私はただ一生懸命ににこにこして、驚きを隠していた。

思いがけないお遊びのお釣りだった。

文庫本

〝蛍の光窓の雪〞と歌にあるように、昔の人は、わずかな明かりをたよりに、書を読み勉学にいそしんだと聞かされた。

今、街は夜も明るく、電車もバスの中でも読書にかなう明るさである。にもかかわらず、めったに本や雑誌などを開いている人を、電車に乗っても見かけなくなった。

店を閉めて自転車で帰宅の途中に、古本屋の私をちょっと幸せな気持ちにさせてくれる光景に再々出合う。

ある保険会社の掲示板の明かりで文庫本を読んでいる中年の男性をよく見かける。そのビルの前にバス停があって、バスを待つ間の読書らしい。

いつか青年とふたり、掲示板の明かりに寄り添っている時があったが、青年は読書ではなく、何かの説明書かパンフレットのようなものを広げていた。

私がその場所を通りすぎる時、たまたま本から顔を上げて、眼鏡を指で押し上げているお顔を見たことがある。東から西行きのバスを待っているので、バスの来る方向、つまり東向きの姿勢である。私はバスと同じ方向の東から西へ走るので、幸運にも文庫本を読む男性のお顔を見ることができたのだった。

職場では管理職かと思われる落ちついた、ロマンスグレーが、かえって若々しく見えたのは、たぶん文庫本という小道具によるものだったかもしれない。

今年の春頃から、文庫本のロマンスグレー氏の、掲示板の明かりに身を寄せている姿を見かけない。私の帰路の楽しみが消えた。

春は転勤の季節。きっと彼は、新しい何処かの町で〝蛍の光窓の雪〟を見つけているのではと思っている。

☆

去年、詩人の杉山平一氏の講演があった。その前に友人の山南さんと三人で食事をすることにして、梅田の紀伊國屋書店前で待ち合わせた。私は久々の再会だった。

波のように寄せてくる人、人の波に、紀伊國屋の前と言えども、約束の場所は右だったか左だったかと、私はうろうろ探し歩いた。

杉山氏は約束の紀伊國屋の左右を見渡せる位置に下がって、すっと背を伸ばした姿勢で文庫本を読んでいらっしゃった。

かつて私が小娘の生意気なさかりに「月曜日」という詩誌の仲間のはしくれだったころ、杉山氏の今日のようなお姿を見せていただいたことがあったと思った。どんな集まりの時だったのか。

「先生！」

久々の再会に私の声は大きかった。

杉山氏はにっこりして、紺の背広のポケットに、読んでいた文庫本をしまわれた。八十歳を越えた方のしぐさとも思えない軽快さだった。若々しさが嬉しかった。

――通勤の電車の中が私の書斎――と言う杉山氏のむかし書かれた随筆が思い出された。

約束の場所で三人が出会ったところで食事をすることにした。あらかじめ山南さんが予約してくださった阪急の食堂は、最上階ながら庭園が広がっていた。田舎者の私は気づかなかったが、その庭園は巧妙にガラスに施された、騙し絵のような写真なのだった。

私たちは久々に顔を合わせて、お互いの健康を喜びながら、私はカメラを取り出した。このために私は、不得手なそして重いカメラを持参したのだった。

食事が運ばれたところで、山南さんと私に向かい合った席の杉山氏は、

「もう少し寄り添って」

使い捨てのカメラを私たちに向けて構えていらっしゃる。文庫本をしまったポケットに持っていらっしゃったものか、玩具のようなちっぽけなカメラが洒落てスマートに見え、重い私のカメラは野暮ったく感じられた。

本の埋葬式

高島菊子さんとは、私は二十代のはじめに神戸で出会った。高島さんは四十代半ばで、「月曜詩会」を主宰し「月曜日」という雑誌を発行していた。

子育てもおわり近くなって詩を書きはじめ、『花形株』『パセリと埋葬式』二冊の詩集を刊している。

語彙が磨かれていて、ハッとさせる詩だ。

「月曜詩会」のことは、神戸新聞の会の案内欄か、なにかで知って、私は仲間に入れて頂いたのだった。

初めてその会で高島さんにお会いしたとき、自分の母親のような人が、詩の会の中心にいて、しかも書かれている詩の若々しさに驚いた。

私はそれまで、ひとりで詩のようなものを書いていたが、それは恥ずかしいことだと思っていた。世の詩人とは、いつも失恋ばかりしている人種だとそのころの私は思っていたからだった。

「月曜詩会」で立派な大人が、小間切れのような詩を書く小娘にでも、対等に付き合って下さって、杉山先生にいたっては、生意気な小娘の私をも、淑女として遇して下さった。それは、詩を書く、又は学ぶことで養われるものかも知れない。と私には感じられた。

その後私は結婚して、高知に住み、ブランクはあったが、付き合いは四十年にならんとしている。

阪神大震災のあった昨年十二月、思いがけないことで、高島さんにお会いできた。

二十数年ぶりだった。「ようこそ」と言わんばかりに、小走りで門を開けてくださった。いつお訪ねしてもこんなだったと、私は思わずお互いの若かった頃が思い出され、涙が溢れた。

震災で傷んだ壁を補修したあとが、生々しく残されているお部屋で、高島さんは、詩集や詩の幾種類かの同人誌などをK学院に寄贈したとおっしゃった。

「詩の親しい仲間に、欲しい本は差し上げて後は全部K学院の図書館に寄贈しました。詩集はともかく、同人誌はこんなに揃ったのは貴重だと喜んで頂きました」

「寂しくはありませんか」と愚かな質問をしようとして、その晴々とした高島さんの表情に、急遽、私は言葉を替えた。

「高島さんらしい本の埋葬式ですね」

高島さんは、今年八十五歳のはずである。

龍馬がいる

近鉄奈良線の八戸ノ里《やえのさと》で、電車を下りた。駅で「司馬遼太郎記念館」を尋ねたら、簡単な案内地図のコピーが、集札口に下げられていて、駅員が無造作に一枚取って下さった。「駅で尋ねたら地図を下さる」と電話で学芸員の瀬川さんに聞いていた。でもお尋ねする私の言葉を終いまで聞かずに、駅員は即座に、小さな紙切れの地図を取って、手渡されたことで「記念館」を訪れる人が、いかに多いかを窺い知ったのだった。

最寄りの駅が、その小さな紙切れの地図に託した「記念館へようこそ」、そんな気持ちを嬉しく感じたのでした。

地図の赤い線をたどって、布施高等学校のグランド沿いの真っ直ぐな道から、住宅街の細くなった道へ折れ曲がった所に「記念館」はあった。門のところに記念館の職員ふうな人が居なければ、それと分からない門構えは、司馬邸の時のそのままかと思われた。

お庭はシイやカエデの雑木のある自然な野の姿で、あちこちで咲くタンポポの黄色があざやかだった。

『菜の花の沖』の作家は黄色の花が好きだったと伺った。

菜の花の季節は過ぎていたのでお庭では見られなかったが、いまを盛りと咲くあのヤマブキも、この季節には作家を楽しませてくれたものに違いないと思われたのでした。

安藤忠雄氏の設計による「記念館」で、まず誰もが目を見張るのは、作家司馬遼太郎の頭脳の内部の一端を見せてくれていることではないでしょうか。

〈書気〉と言う言葉は広辞苑には無かったけれど（そんな言葉は無いのかも知れませんが）地下一階から、地上二階まで、吹き抜けの大書架を埋めた膨大な蔵書。それは、ひとりの作家の創作の意図に基づいて、集められ読まれた書物の呼吸を、また作家の息づかいを聞く思いがしたのでした。

私は四十年古本屋をしていて、古本のなかに埋もれ、あるいは紙屑のなかにうずもれてあけくれ、図書館や個人の書斎を拝見する機会も多くありました。けれども〈書気〉などと言う言葉が、予期せず、自ずと湧き出て来たことに驚きました。それは図書館や今まで拝見した個人の書斎、また神田などの有名古書店の書棚の前に立っても、感じたことのないものでした。

地下へ下りていくと、百五十席ほどの小ホールで、定期的に上映される司馬遼太郎に関するビデオが始まったところでした。あの膨大な蔵書の中で、『高知県史』全十巻が映像にアップで出て来ました。私は思わず「おおっ」と小さく声をあげました。

小説を起草した時点で、司馬氏はテーマに関わる書物を、ある古書店に依頼する。たちまち神田の古書店からその類の本や資料はほとんど消えてしまうのだという話は、古書の業者間では有名な伝説でした。数々の歴史小説の誕生には、地層のようなその背景を知るために『高知県史』も大いに力になったのかも知れません。

ステンドグラス越しのやわらかな光で、地下一階から地上二階までの書架を、繰り返し眺め書物の呼吸を堪能した。

閉館の五時近くなって、友人へのお土産に会誌「遼」創刊号と出久根達郎氏の

「竜馬と遼太郎」の講演の載っている最近号、一筆箋「竜馬がゆく」を三冊買った。

同じものばかり差し出したので「同じものばかりでいいのですか」と尋ねて下さった。


「いいのです。私は高知からきました」と言う私に、

「心霊写真のようなものは興味がありませんか」

「えっ」と、言いながらその後のことも聞かずに私は地下へ駆け降りていった。

私は地下から三層の絶壁のような書架の底で、書物の呼吸〈書気〉を聞いている時、他の離れた場所には三、四人の入館者の姿はあったけれど、私はずっと誰かがいる、という気持ちがしていた。それは、誰か、と詮索するほどの深いものでは無かったけれど。何かあるのならあそこだと、私は再びそこの位置に立って天井を見上げた。

龍馬はいた。

さっきは書物の絶壁ばかり見とれて気づかなかったけれど、天井の片隅に「龍馬」のシルエットがあった。龍馬ファンならシミも「龍馬」に見えてしまうのだ。何故そんなシミができたのかも分からないのだと言う。

私は書物の呼吸を聞きながら「ずっと誰かいる」ような気がしていたことを納得した。

アプローチからガラス越しに、執筆当時そのままの書斎が見える。白髪の作家司馬遼太郎もそこに見るような気がしたのでした。

『雪国』物語

――国境の長いトンネルを抜けると雪国であった――川端康成の小説『雪国』の冒頭そのままを映像で見た時、涙がひとりでに溢れてきたことを思い出す。

豊田四郎監督の東宝映画『雪国』を観た人には説明の必要はないけれど、汽車がトンネルの闇を走っている、遠くむこうの小さく白いものがだんだん大きくなって、トンネルを抜けたとたんに銀色の世界。『雪国』のタイトルがスクリーンに広がった。

その文字「雪国」は、私の故郷雪国での、様々な出来事や思い出がいっぱい詰まって見えたのだった。

☆

私は中学を卒業すると、関西にある製菓会社で働いていた。何年も深い雪の中での生活を忘れていた。今度田舎へ帰るのは、お盆ではなくお正月にしようと思った。

汁碗に雪を入れて、おサジでかき混ぜながら、いろり端で食べたこと。そのころ砂糖はまだ貴重なものだったから、甘味も何もない、ただの雪なのだが、雪がとけて水になるまでの、たわいない冬の子供の遊びだった。

隣のなかよしのミコちゃんと、どっちが早く雪が溶けたか、反対に誰がいつまで雪の形が残っているか、などと競って遊んだ。

ずっと後に、宮沢賢治の詩「永訣の朝」に出合った。賢治二十七歳、二つ下の妹トシ子との永遠の別れの時の詩である。

けふのうちに
とほくへいつてしまふわたくしのいもうとよ
みぞれがふつておもてはへんにあかるいのだ
（あめゆじゆとてちてけんじや）
（注・あめゆきとってきてください）

（中略）
わたくしもまつすぐにすすんでいくから
（あめゆじゆとてちてけんじや）
はげしいはげしい熱やあへぎのあひだから
おまへはわたくしにたのんだのだ
（後略）

死の床にあって、一碗の雪を所望した人の心が、私の幼い日の遊びに重なる。郷里を離れて、七、八年ぶりに雪の正月をするために帰省した。私の記憶は曖昧で、映画『雪国』を観てから、正月の帰省を計画したのだったか、その反対だったか、とにかく昭和三十二、三年のことだった。

母をはじめ家族に温かく迎えられたものの、私のどこかで、子供のころの感触に戻れない悔しさのようなものを胸に抱いて、関西の職場へ戻ってきた。

十代のころから詩を書いていた。冬、帰省した時のことを「黒い家」という作品にした。生意気に古い因習を象徴的に、黒い家に閉じこめた詩だった。

――私は黒い家をこそ失いたい――

この一行だけが、今も私に残っている。

このフレーズだけは、忘れられない事が起こったのだった。

その年の春、生家の道を隔てた他家の納屋から出火して、すぐそばを流れる最上川の、この季節特有の強い川風をまともに受けて、私の生家は全焼した。

本当に「黒い家」を失ってしまった。

☆

近年、もうひとつ『雪国』との出合いがあった。

師である詩人の杉山平一氏から、書籍小包が届いた。大雨の被害をニュースで知り、何かの足しになればという葉書が添えてあった。

小包の封を切るのももどかしく、出てきた本は、三十数年古本を扱ってきて、初めて手にし、眺めるものだった。

『雪国』川端康成、昭和十二年初版、創元社刊。芹沢銈介による装幀。

――国境の長いトンネルを抜けると雪国であった――

映像とはまた違って、むしろもっと正確にデザイン化されていると思った。

灰色の丸みのある線に縁取られた、箱の正面。六センチ角の朱色の中に墨書の「雪国」は、しんしんと音がするような文字だった。

足袋と肌着

連想ゲームふうに言えば、私の場合「お正月は新しい足袋」となる。

私の故郷は山形の山村だが、盆下駄と言って、お盆に新しい下駄を下ろして貰うことと、お正月に新しい足袋を履き初めすることを、農家のわが家で儀式的に行っていた。

穫り入れが終わったころ、木綿の一反風呂敷の荷を背負って行商が来た。今のようにバスは無く、町は遠いところだった。村の店で売っているものは、酒、煙草、塩、醬油、砂糖、それも戦時中はすべて配給制度だったから自由に買えなかったけれど、小間物や衣類はさらに手に入れにくい物だった。

母が、家族の新しい足袋をそろえるのに、行商の小父さんに米を渡しているのを私は見たことがある。

別珍の赤い二つコハゼの福助足袋を、お正月が来るまで何度も何度も、引き出しから出しては撫でたり頬に当てたりした。顔がひとりでにほころんでいた。

戦争が激しくなって、お金やお米があっても物が無くなった時、姉たちは、足袋の型紙を手に入れて、古い布団の布などで手縫いで足袋を作ってくれた。

サイズを文数と言っていたが、丁度の文数の型紙が無かったものか、足袋は姉たちには難しかったのか、やっとできた足袋は足に密着せず、新しい足袋を履く喜びはお正月が来るまでの幸せだった。

着物を新調するなどは思いもよらない貧しい農家でも、正月元旦だけはせめて足袋だけでも新しいものを身につけてという、折り目をつけたものだったと思う。

そのころ、着物が普通だった。男の子はズボンの子が多かったけれど、靴下は稀でたいてい足袋を履いていた。雪国なので着物にモンペ、そして足袋を履いていた。

しだいに足袋は爪先から底へと破れ、別の布を当て雑巾のように刺してあった。刺した足袋は乾きにくく、雪のなかで遊び濡れた足袋を、祖母が火箸に着せて囲炉裏で乾かしてくれた。

囲炉裏の側で、夜なべに母が足袋を繕っていたことを、母の安息の姿として思い出す。母が座って仕事をするのは、針を持った時だけだったから、子供の眼にはそんなふうに見えた。

雪の日も外で働く父がいて兄がいて、そしてお正月の新しい足袋を、米で買ってくれた母、手縫いで足袋を作ってくれた姉たち、濡れた足袋を乾かしてくれた祖母がいた家庭。

☆

戦後五十年たって死語に近いが、出征兵士に送る千人針があった。白い布に虎の点描絵があって、傍らに「祈　武運長久」の文字があった。虎は千里行って千里帰ると言うところから、無事の帰還を祈って女たちは千人針を作った。

虎の点描のところに、運針の糸尻の玉を連ねて虎の絵に仕上げるようになっていた。

幼児も親が手を添えてくれて刺した。大人も子供も一人が玉ひとつだけ刺した。例外に寅年生まれの人は、その歳の数だけ糸玉を刺すことができた。だから寅年の人は喜ばれた。そうして村中を廻って作った千人針を出征兵士の肌に巻いて戦地へ見送った。

妻は髪を切って千人針の中に縫い込み、夫の腹に巻いてやったということを聞いたことがある。

千人針は六、七歳頃の思い出だが、肌身に着けることの意味深さを知ったように思う。

刺す糸は、何故か赤い糸だった。

☆

時間が流れて生活の様式も変わった。衣、食、住どれを取ってみても、毎日が正月のような生活を何思わず誰もがしている。私は何十年も郷里で正月をしたことがないけれど、都市も山村も、生活の形は昔のような差異はない。

自分が家庭を持って、郷里での正月の足袋に代わるものとして、私は家族に新しい肌着を整えることにした。と言っても、母が運動会に着る体操服を、配給のキャラコで縫ったように、姉が足袋を縫ってくれたように、手作りによらなくてもお金さえあればいくらでも買えた。と言っても、夫の転職などで生活が苦しかった時の家族全員の肌着は苦労してそろえた。そんな時、夫も子もとくに喜んでくれた嬉しい記憶がある。とくにというのは、たぶんに私の思い入れかもしれない。

物が無い時、物自体が光を放って心を豊かにしてくれたのか、今、物が溢れて、心が応え切れずにいるのかと、ふと思う。

「やりゆうかね」

遺族が故人を偲んで、その縁の人たちに差し上げるための、極めてプライベートな本も古本屋に流れ流れて来ることがある。

それは未知の、何のかかわりもない人の本であっても、「追悼集」とか「偲び草」と題された饅頭本は、他の本などにはない痛々しい感じがある。古本屋でよく売れる本とは言いがたいが、まれに、そうした類の本を買っていかれるお客様のお顔を、私は見ることができない時がある。

夫が亡くなって、私も『きさらぎタンポポ――追悼 片岡幹雄』をつくった。

それは夫の親友、伊藤大氏の発意だった。彼が、原稿集めから編集一切をやって下さった。友人、店のお客様、故人に繫がる人たちが思い出を書いて下さった。なかには、もっと時間を経て、別の形で追悼したいと言った友人もいた。長女は「生きている者だけの言い分で、亡き父がどう思うか」と書きしぶっていた。

きさらぎタンポポ天に舞いて白し地上の眠り未だ覚めず――吉村淑甫

表題は、年長の夫の友人、吉村氏の寄せて下さった歌から頂いた。

夫が逝ったのは如月だった。

本の見返しは、大地の土を思わせる灰色がかった黒。白の表紙の表裏に、夫の手製で愛用した脇息に、自分で彫り込んだ「南枝向日」「月白風涼」の文字をタンポポの葉に似せた、淡い黄緑の中に白く浮かせ、タンポポの花をなぞった沈んだ黄色のカバーをかけた。

装丁は友人の絵本作家織田信生氏が受け持った。

奥付は、タンポポ書店を創業間もなく、夫が分厚い板に彫り込んだ「古書肆タンポポ書店　創業　１９６３年」三段に横書きした看板を使った。

生前、夫は、いつの日か出版も手掛けたい希望を持っていた。せめて奥付に彼の手になる文字を飾らせて頂いた。

本を開くと、どのページからも夫が立ち上がってくるリアリティを私は感じる。

ふだん店頭で手にする「饅頭本」の痛々しさは感じない。

伊藤氏は、私のために追悼集をつくろうとお声を掛けてくれたのではないかと、しばしば思う。夢の中ででも会いたいと思っても、会えるわけではない。

こうした類の本は、いろいろな意味で、残され、これから先も生きていく人たちのためにこそ作られるべきものだと思う。

『きさらぎタンポポ――追悼 片岡幹雄』は四百部作って全部差し上げた。

夫が逝って十二年も経った先頃、その中の一冊を、私は初めて私の店で買い入れた。黄色のタンポポ色の本をカウンターに差し出された時、

「やりゆうかね（やってますか）」

まさに、夫の声が聞こえたような出会いだった。

＊饅頭本とは追悼集、遺稿集などを指すが、定説はなく、古書業界ではもっと幅広く、いろいろな配り本をも指す。

「ロシナンテ」

三十余年前に、古本屋を開業する時、夫は三千円で中古の自転車を買った。「ロシナンテ」と命名していた。因みに後年、最初に買った中古のマツダクーペは「鈍亀這停《ドンキホーテ》」と言っていた。のろのろと走り、気ままに停まったり、名前に忠実な車だった。自転車は、盗難にあったり、何度も変わったが、名前は同じく「ロシナンテ」だった。

十数年前、私は地方紙に何ヵ月かコラムを書かせてもらった時、頂いた稿料で初めて自分専用の新車の自転車を買った。本を積むので、荷台のがっちりした丸石の実用車だ。スリムな軽装車が主流の街中で、私の重戦車のような、しかもピカピカの自転車は目立った。赤信号で停まっている時など、「えい自転車じゃのう」と声を掛けられたことも再々だった。

一年後、同じ車種の自転車を、同じ店に頼んで、今度は夫のを買った。又「ロシナンテ」だった。乗る人間が重かったせいか、行動範囲が広かったのか、私のは一度も修理することはなかったが、「ロシナンテ」はスポークを何本も取り替えたり、タイヤも何回か取り替えた。

夫が亡くなって、自転車は二台も要らなくなった。十年余りも乗ったことなので、二台の自転車のそれぞれ、いい部品だけを取って一台の自転車に作り替えてもらった。

☆

あるパーティで隣り合った青年は、たまたま自転車屋さんだった。私は二台の自転車を一台に作り替えた話をした。彼は「こんな話はほんとに嬉しい」と喜んでくれた。私も嬉しかった。

私は店番をしていて、自転車や車のエンジン音で、識別できるお客様が何人かいる。同車種も、運転する人の微妙な何かが、音の個性を生み出していると思う。

夫と私の自転車も、車種が同じでありながら、ブレーキをかけた時の音は、まったく違っていた。

夫の自転車のどの部分と、私の自転車のどの部分を組み合わせたのか、私は知らない。けれども「ロシナンテ」の音が残っていた。夫が帰宅を知らせるように、ブレーキをかけて、家の前に停まる時のあの音が、そっくり再現される時がある。何時も「ロシナンテ」の音でないところが不思議で、また悔しいところだけれど、その時のスピードや圧力の掛け方、また角度など、微妙な何かが働いているらしい。あるいは、「しっかりせい」と「ロシナンテ」を借りて、大分くたびれてきた私に、夫がエールを送ってくれているのかもしれない。長年愛用すると、自転車もおのずと人格化されるものらしい。

「えい自転車じゃのう」と声を掛けられることもなくなったが、いまも、私の大切な足であることにかわりはない。

「ロシナンテ」後日物語

「風土通信」二十八号に、愛車「ロシナンテ」のことを書いた。「ロシナンテ」と命名していた亡夫の自転車と自分のとを、いい部分だけ取って、一台に作り替えた話だった。

編集のKさんが、その校正を持ってきて下さった時だったか、店の前で私を待ってくれている自転車を「これがそのロシナンテ」としみじみとご覧になった。長年雨ざらしでサビついている自転車は、自分の姿を見られるように恥ずかしかった。

☆

Nさんから葉書が届いた。
子供が勉強を見てもらっているK先生に「風土通信」を貰って「ロシナンテ」

を読んだこと、

――千歳さんは幹雄さんと一緒に書いているのだと思った――

などと書いてあった。

まったくその通りで、彼が私に書かせているのだと思う。

☆

先夜、店を閉めようとして外へ出たら、中学生らしい少年が三人、私の自転車を取り巻いていた。

店の中にいた私は、外は暗いので気づかなかったが、一見して、さっきから、そうして自転車のまわりにいたような雰囲気だった。

何かしら私は、ぞんと不安な思いに捕らわれた。するとひとりの少年が「おばさん、この自転車売って」と言う。その少年の素直な物言いに、不安な思いがいっぺんに晴れた。

「せっかくやけど、この自転車ね、おばさんの宝物や。ボロやけど、おじさんのとおばさんのを、一台に作り替えてもらったのよ」

「そう！　ごめんね」と言って、少年たちは帰った。

店によく来る客のようでもなかった。他にも自転車の客はいたのに、この自転車は私のものであることを知っていた。

前にも書いたように、スマートとは言いがたい。重戦車のような実用車である。人の話によると、レトロブームで古い型の自転車が、少年たちに流行しているのだという。

少年たちは熱い眼差しで自転車を見ていたに違いない。

本当は、ちょっとだけ私はいい気持ちがした。

三人の「カタオカミキオ」

十数年ほど昔の話、夫の若い友人T君が「幹雄さん、今日は奢る」と彼にしては大金を懐にしているところを見せた。競輪で大穴を当てた、と興奮を隠せない風情だったらしい。お互いに豊かな暮らしとは言いがたい。片岡は、奢ってもらうことはうれしいが、Tの奥さんの難儀も知っているので、

「その金を僕によこせ、奥さんに渡す」

と言って、何とか大金を取り上げようとした。出鼻をくじかれて憤然としたT君は、

「幹雄さん、そんなこと言えるがかえ、僕は、何度も幹雄さんの呼び出しのアナウンスを競輪場で聞いちゅうぜ」

男の遊びを俗に〝飲む〟〝打つ〟〝買う〟と言う。片岡は〝飲む〟は大がつくほどやった。友人知人のつとに知るところ。〝買う〟は私が知らんだけで、少しは

あったかもしれない。ただ〝打つ〟だけはまったく関心がなくギャンブルについては無知であった。

T君は長い間、〈カタオカミキオ〉の呼び出しのアナウンスを聞く度に、幹雄さんもなかなかやるよ、と思っていたらしい。彼はこの誤解を大変面白がっていた。

又のこと、そのころ在東京の友人N氏は帰郷中、電話帳をくって〈片岡幹雄〉に電話した。話がどうもかみ合わない。

「奥さんは山形の人で千歳さんと言いませんか」

「ちがいます」

「いつ離婚したぜよ」

「離婚なんかしてません」

ガチャンと電話は切られた。

わが家の電話は「タンポポ書店」でしか登録していなかったので、N氏は同姓同名の別人の〈片岡幹雄〉に電話を掛けていたのである。

そんなことがあって、電話帳を見た時、同名が三人いた。

又、又これは数年前、片岡も私も掛かりつけの近くのK歯科医院でのこと。順番が来たら名前が呼ばれて、治療室に入るのであるが、「カタオカミキオさん」「片岡千歳さん」と呼ばれた。

その時、診てもらっていたのは、彼でなく私だけだったので、一瞬、受付の人が間違ったのかなと思った。だが、同名の彼氏は、作業服の若者で待合室の椅子から立ち上がって、治療室に入っていった。

神様がちょっといたずらをして、将棋の駒を動かすように、別人の幹雄と千歳を並べてみたのかもしれない。

片岡が亡くなったのは、二月だったが、その年の夏、朝刊の死亡広告に〈片岡幹雄〉と出ていてびっくりした。喪主が父親となっていたから、ひょっとしてK歯科医院で、私と順番が並んだ、あの若者だったのではと、哀悼を捧げたことだった。

平成四年、二人の〈片岡幹雄〉が亡くなった。

タンポポ農園雑記

1

畠を借りて野菜作りをはじめてから十年ばかりになる。畠は家から自転車で五分ぐらいの町はずれの小高い山の中腹にある。その山のあちこちに墓地が点在するが、タンポポ農園のある斜面の両側は、小さな谷になっていて畠はちょうど町に向かってせり出た形になり舞台のようである。

畠のすぐ下に七基ほどの墓石が並んでいるのが、この畠の地主の墓地で、春秋の彼岸と盆にお墓掃除をすることを条件に畠を貸して頂いた。我が家ではかねがね畠が欲しいと思っていた。そのころ主人は「この広い地球上に、我が片足を置くほどの土地も持っていない」と嘆いていたほどだから、畠を買うなどは夢のまた夢の話であった。ところが思いがけなくある人の世話で先のような約束で畠を借りることができた。

畠を借りられると聞いた時、整然とした大根畠や何かを想像していた私は、約束の土地を見てがっかりした。

カヤ、ヨモギ、セイダカアワダチソウを主流にした雑草が背丈より高く繁茂した荒地だった。けれども家からわりに近いことが何より好条件として、その百坪ほどの荒地を貸して頂いたことだった。

2

野菜作りは家業の古本屋のかたわら、半農半漁ならぬ、半農半商で、早朝または陽がかたむいてから日没までのわずかな時間だ、半農などというのはおこがましい、寸農ぐらいにしておこう。

百姓の家に生まれたせいか私は土いじりが好きだ。作物がうまくできてもできなくても、その間畠に来て楽しんだのだからと納得する。しかしこれで生活を立てている専業農家ならこうはいくまい。ホーレン草などのように、例外はあるが、ほとんどの作物は一年一シーズンだ、失敗すれば来年まで待たなくてはならない。確実な収入を得るには農薬を用い、収量を上げなくてはならないだろう。ここで、残留農薬とか、公害とかいう問題を、野菜を作って生活を立てている百姓の立場で考えると言葉を失ってしまう。

土いじりが好きだなどというのは、寸農のたわごとかもしれない。

じゃがいもを植えるのに土を深く耕してもらおうと、主人に畠打をたのんだ。「土をつついちょったら充実感があるろう」と言う私に「そうかや、こんないい天気に、オラ、こんなことしよってえいろかと思う。町には美人が沢山おるに」と、のたまう。

3

十一月のはじめに一本六十円のキャベツの苗を五本買って植えた。育てる過程で二本枯れ、どんぶりぐらいの玉になったのは三本だけ、四月はじめのある朝、ビニール袋を持って畠に行くと、三本のうち一番立派な玉になったキャベツが見事に引き抜かれていた。外側の青い葉と根がいかにも雑然と畠に捨てられてキャベツの玉だけが持ち去られていた。農薬は一切使わず、青虫も一匹一匹手で取り、丹精し、やっと三本うまくできたので、もうすこし太らせてからと一日のばしにして収穫の日を楽しみにしていた。

「くださいと言えばやらんこともないのに黙って取っていくなんて――」と腹立たしく言う私に家人は「泥棒が断って取って行くか」と笑う。食べるのに盗ったのだから粗末に捨てたりはしないだろうと、わずかに自分をなぐさめた。それにしても他人の畠にむざむざ入り込んで盗ったキャベツはどんな味がしたのだろう。

ある時、おばあさんが畠に行く途中の道ばたで、スカンポを薬草だからといって採集していたので、主人がうちの畠の縁に沢山生えているから採りなさいと言ったところ、他人様の畠のところだからと遠慮して採らなかったと話していた。たとえ畠の縁に生えた雑草であろうとも他人様のものは採らないとする人の心と、人の畠のキャベツを盗っていく人の心のちがいの大きさを知らされた。

翌年十五本植えたキャベツは三本盗まれ、被害は二年つづいた。

4

夕方ナスを摘みに行くと、山の上からトランペットの音が聞こえてくる。高校生かもしれない。こちらがたんねんに音色をつないで聞くと、どうやら「マイウェイ」のつもりらしい。日曜日の朝など住宅地の方からピアノが聞こえることがあるが、トランペットはめずらしい。しかも音は町の方から上ってくるのではなく、山の上から降ってくる感じである。いつの間にか曲は「イエスタデイ」に変わっている。トランペットの少年もタンポポ農園のある斜面をステージと見立てているのかもしれない。

別の日の夕方、ニラを刈っているとさっと風が立ったので顔をあげると、ケースを提げた少年の後姿が、暮色のなか町の方へ下って行った。少年の野外ワンマンショウがはねたところらしい。

5

肥料はできるだけ手作りで、ローコストにおさえ、極力化成肥料などを使わないようにしている。たとえばお墓掃除のさいの落葉や、台所の生ゴミ、魚の頭やワタ、だしじゃこなどのだしがらはいい肥料になる。畠の隅に大きなポリ容器をすえ、草を刈り、米ぬかを混ぜ合わせて腐らせ、肥料を作っている。ナスを植えようと、土を耕し、穴を掘り、完熟した肥料を埋《い》け込むために、ポリ容器を畠の近くに移動しようと持ち上げた。途端、ニョッキリ、ポリ容器の底から飛び出してきたモノに、我が声とも思えぬ声を発して私はひっくり返った。不思議なことに、そのモノはじっとしているではないか。気を静めてよく見ると、それはコンニャクの芽だった。

　コンニャクの茎は、グロテスクな模様で蛇に似ている。何年か前に、ひとり生えのコンニャクを畠の隅に寄せ集めていた。毎年生えてくるその位置を忘れて、丁度コンニャクの上にポリ容器をすえたらしかった。コンニャクの方こそいい迷惑で、容器の底で、せいいっぱい伸び、モヤシのようになっていた。やっと頭の重石が除けられて、やれやれと背伸びをしたにすぎない。

　蛇には悪いけれど、どうしてあんなに気味悪い生物を神様は作られたのだろう。

そして又あの気味悪いものに似たコンニャクの不運を思う。たぶんに私の勝手な言い分ではあるが。

6

ナスがよくできた。最盛期には一日おきに摘みに行かなくてはならない。そのころは草も一番よく生える時で、ちょっと草引きをなまけると、すぐ畠は雑草で茂ってしまう。ナス畠によく生えるツユ草を引こうと手を伸ばした時、あのいやなモノの模様がちらっと見えたように思った。異様な声を発し飛び上がったものの動けなくなった。どちらに動いてもアレが出てきそうでならない。逃げた気配はなくじっと見ている感じがする。

やっとの思いで金縛りの状態から抜け出し、斜面を下って、ふもとの住宅地に住む友人のTさんのところに走った。

彼女は山歩きのプロで、野山の花を観賞する会をつくっている。山歩きのプロだけあって、私のようにやたらに蛇などを恐れない。駆け込んだ私の様子に彼女は何かを察して、タンポポ農園まで付いて来てくれた。

「あそこに」と言って指を差すことも私は恐ろしくてできないので、「一番北の端のナスの根本あたりをよく見て欲しい、何かが私を見つめているようでならん」とTさんに頼んだ。しばらくして彼女は、棒の先に縄の切れ端のような死んだ蛇をぶら下げてきた。「お墓掃除に来た人が見つけた蛇を殺し、いやがらせに私の畠に投げ込んだにちがいない」と言う私に、山歩きのプロは「トンビにやられたのやね」と言う。

去年の夏、二、三本植えた地這キュウリの畠に野鳥が巣をつくり、その発見の時も、足もとから突然親鳥が飛び立ったために、私はしたたか驚かされたことだったが、卵が六つ生まれていた。私がいそいでキュウリを取る間も、親鳥は不安気に近くの木にとまって見ているので、翌日から親鳥を刺激しないように、キュウリ畠に近付かないでいた。地這キュウリは一日でぐんと太るので、太りすぎて何本かのキュウリを駄目にしたのに、卵は一つ減り二つ減りして、一羽もひなにかえった様子がなかった。卵の殻もなかったから、六つの卵は蛇に食べられたにちがいない。

サツマイモができるころ、イモをねらってくるねずみを、さらに蛇がねらってよくイモ畠に出没するが、その蛇もかなわぬ天敵がいたのだ。百坪ほどのちっぽけなタンポポ農園の中でも、生きるための、熾烈な生物たちの戦いがあるのかと驚き打たれる。

それにしても、あのモノに出遇った日は、倍の作業をしたぐらいぐったり疲れてしまう。

7

私は野菜を作って生計を立てているわけではないから、よくできてもできなくても、そこで楽しんだのだからと納得するが、願わくば豊作でありたい。ところが万事綿密な計画や研究のもとにおこなうことが、何よりも苦手な私。失敗はかぎりない。

キビ（トウモロコシ）は姑が大好きで、私もむろん好きだけれど、姑のように「キビを食べたから御飯はいらん」と言うほどではない。娘もキビが好きだ。彼女が夏休みに帰ってくるころには収穫できるように、と思いながら草引きや土寄せ施肥をするのはほんとうに楽しい。その時すでにキビが沢山穫れて、姑や娘が喜んでくれる場面まで描きながら仕事をしている自分に気づく。

八月のはじめごろ収穫間近になるとキビの皮がむかれて、黒いカナブンのような虫が何匹もくっついている。中には、人間が手をかけて、取りかけたようにぶら下がっているキビもある。柔らかい方から三分の一ぐらいは食べられている。私は何年もこの犯人は黒いカナブンであると思っていた。ある夏の夕方、タンポポ農園のさらに上の方に畠を持つ若い農婦に、キビを荒らすのはカラスであることを教えられた。なるほどカナブンにしては手荒なことをすると思っていたので、カラスならやりかねない、とやっと得心がいった。彼女は「ここはカラスがいて、ハトがいてネズミがいて、悪いことをするものがおるきに何まわり作ってもいかんぞね」と言い捨てて斜面を登っていった。

何十日も雨の降らない冬があった。十一月に植えた春穫れの十株ほどのキャベツが何者かにきれいに葉を食べられ、茎だけ残っていた。私は小鳥のしわざかと思っていたら、大豆のようなウサギのフンが点々と落ちていた。雨が降らないために、山にも青いものが不足して、ウサギも里の方まで遠征せざるを得なかったものらしい。キャベツ泥棒の時はなさけなかったが、やっと青いものにありついた時のウサギの姿を思って、ひとり微笑したことだった。

8

出来不出来はあっても、野菜は人間がじっとそばに付いていて太らせるわけではない。畠を打ち、種を播き、肥料をやり、あとは天然のめぐみに浴するわけだ。天然の力に比べれば、人間の手を貸すことは、ほんのわずかと言っていい。野菜作りをはじめて、他にも天然のめぐみを楽しませて頂くものがいくつかある。そのひとつにお茶がある。

農園の南の縁に塀のようにお茶の木が植わっている。畠を借りた時は秋で、まず丈高い雑草を焼き、開墾することで精一杯だったから、茶の木の存在には気づかなかった。春になって茶が光って芽吹いてきて、はじめて気がつき、畠を貸して頂いたほかに、お茶という思わぬ余録があったことをこの上なく喜んだ。

私は東北の農家に生まれたけれども、お茶は作らなかった。茶の木を見たことはあったが、東北でお茶が生産されていることを寡聞にして私は知らない。にもかかわらずお茶の消費量は、生産地の四国に比べ、非生産地の東北の方がはるかに多いのではないかと思う。郷里の山形では、朝から晩まで来客があるごとに、漬物をお茶うけにして上等の煎茶を飲む。私の茶好きはそんな生活からできあがっていると思う。

茶の葉を摘み、大きな鉄鍋で炒って、手でよるようにもみ、天日に干してお茶をつくるが、これは姑から伝授されたことだ。もし私たちが、姑と同居していなければ、私は好きなお茶を自分で作って飲むという楽しみも知らずにいたかもしれない。おいしいお茶はいくらでも店頭で売っているが、自家製のお茶を味わうのは格別である。したがって我が家の番茶は一年中天然のめぐみであるといえる。

秋、伸びた茶の枝を大きな植木鋏で払うのは主人の仕事である。そして冬、花のすくない季節、梅の花に似た白い花を家中のあちこちに挿して楽しむ。

9

もうひとつ百パーセント天然のおくりものにフキがある。タンポポ農園を両掌で支えるような形の土手に、幾株かのフキが自生している。私は土手一面にフキを増やしてやろうと何度か株分けを試みたが成功せず、やっぱりもともとの場所には毎年ちゃんと生えてくれる。フキにも意志があり、我が住む処を選んでいるものと思い、私は土手一面をフキにする計画を捨て、忘れず生えてくれる幾株かのフキで満足している。

フキは春から夏の間中、一度に二握りほどずつ何度も穫り、店では買ったことがない。十一月、霜が降りる前のフキは細いが、やわらかく、つくだ煮にしてフキの高い香りを楽しむことができる。

まだ風の冷たい二月、かさかさした土手に、フキノトウが顔を出してくれる。私は「ようこそ」と両手で握手したい気持ちになる。

10

『百姓入門記』の著者、小松恒夫氏が畠を借りる時、草を生やさないことを条件に地主は畠を貸して下さったという。私が農園で作業している時二、三度出会った、カメラを提げて斜面を登って行く老人も、「畠に草を生やしたらいかんぜよ、肥料を無益にしてしまうきに」と草ぼうぼうの畠の私に教訓をたれたことだった。野菜つくりに草引きはもっとも大切な作業であることは分かっている。にもかかわらず作物の方に生活のリズムをあわせにくい寸農家の私は、本当は畠を作ったりする資格はないのかもしれない。

三月のはじめにじゃがいもを植えた。メークイン、ダンシャクをそれぞれ一キロ。思いがけなく翌日真冬にも降らなかった雪が降り、三センチほど積もった。雪の下でじゃがいもは駄目になったのではないかと心配しながら、三月は多忙にくれ畠に行くことができなかった。四月になり、ひと月ぶりに農園に行くと、じゃがいも畠はもちろん、玉ねぎ畠も一面花ざかり、赤紫のカキドウシ、ホトケノザ、コバルトのオオイヌフグリ、それはそれは見事なお花畠になっていた。「わー、きれい」。思わず私は複雑な歓声をあげた。玉ねぎは哀れにイヌフグリの勢いに負け、埋もれている。私はふかぶかとした、やわらかな草の中にしゃがみ込んで、点々と濃いコバルトブルーの集まりを、ひとにぎりむしり取って胸に置き、ブーケを持った花嫁の心を味わってみる。花と若草の匂いを胸深く吸い、しばしうっとりとする。さて、現実にもどり、それにしても見事に繁茂した可愛らしいオオイヌフグリの花のじゅうたんを取り除く仕事にかかるには、ちょっとした勇気が必要だった。草の根は網状に大地にがっちり食い込んで、まさにじゅうたんを敷きつめたようである。

野菜つくりは雑草とのたたかいと言っても過言ではない。しかし私はとっくに兜をぬいで、雑草とはほどほどに共存していこうと決めている。畠にたちまちじゅうたんを敷きつめてしまう、オオイヌフグリをはじめ、姉妹のようなホトケノザとカキドウシ、名も花も可愛いいけれど、しぶとくあつかましいツユクサ、遠慮知らずにぼろぼろ種をこぼしてしまうスイスイ、ちいさいちいさい星をばらまいたように咲くニワゼキショウ、貝がらの首飾りのように咲くコヒルガオ、お赤飯に似た花房をみると、今もままごとあそびをしたくなるタデ等々、四季折々に「タンポポ農園」の来訪者と握手し、対話するために、私は待たれていると自負していようと思う。

あとがき

高知市の西、旭駅前通りに「タンポポ書店」の看板を掲げてから、市の中心地の中ノ橋、現在の南はりまや町、と転々としながらも、平成十五年五月で四十年になりました。

普通の勤め人だったら、私はとっくに定年退職しているはずです。

昭和三十八年、夫が思い立ち、充分な資本もないまま、若いという自負と、ふたりとも本が好きということを頼みに始めたことでした。

「タンポポ書店」は小さいながら、私にとっては学校でもありました。暮らしの糧を得ながら学び、お客様という多くの先生に出会いました。また友人にも恵まれ、私の人生を豊かにしてくださいました。

先年、新聞社の方にお声をかけていただいたことから、拙いながら『タンポポのあけくれ』を書くことができました。

ひとつには、はやく逝きすぎた、戦友ともいうべき夫が後押しをしてくれたのだと思います。

後々に、この町に「タンポポ書店」という古本屋があったこと、そこに貧しいながら、こころたのしくくらしていた人間がいたことを伝えられたら、そんな思いで本にまとめることにしました。

新聞に連載した時に、直木賞作家で古書店「芳雅堂書店」店主でもある出久根達郎氏に書いていただいた題字を今回もつかわせていただき、表紙絵は、開業の頃からのお客様、西森善男氏が何年か前に描いて下さった絵をつかわせていただきました。ここにあらためて感謝いたします。ありがとうございました。

ふたば工房の大家正志氏は開業の頃は高校生。細かい注文も快く引き受け、また忌憚なく意見を述べ、鋭い指摘はありがたかったです。

なおこれらは、「高知新聞」「日本古書通信」「彷書月刊」「風土通信」「とんちゃん新聞」「手布」に発表したものから集めました。

平成十六年一月　暖かな冬の朝

片岡　千歳

増補

詩のことなど

先ごろ、「なぜ詩を書くか簡単に答えてください」というアンケートが、ある高校の文芸部からまわってきた。

しばらく考えてから「非常に大きな問題で簡単に答えられません」と書いた。

それからわたくしは、何のことわりもなく他家の水をくんでいるような気がして気になってならない。

絶えずもやもやした熱いものが、わたくしの体内にあって、それが詩を書かせるらしいのだけれども、なぜ詩という表現形式をえらんだかは、わたくし自身まだわからない。

詩が好きだからといえば、一半のウソが残る。もやもやそのものが、詩だったというより、わたくしにはオタマジャクシがわからないし、生まれつき色彩感覚がなく、もやもやは詩より他になれなかったのかもしれない。

☆

数年前、よく映画を見た。

その時の最高は週十四本、一日二本平均見たことになる。

そのころ、一週間も映画を見ないでいると、無気力で空腹状態のようになった。

いまはそんなことはなくなったけれど、わたくしは、もやもやをいつまでももやもやした状態で放っておくと、やはりおなかが空いた時のような気分になる。

詩はパンかお菓子か、などという人があり、詩はお菓子だと割り切って、プディングやマシマロのような詩を書いた詩人もいるが、わたくしの場合、詩はパンであるかもしれない。

わたくしはコクのある食パンのような詩が書きたい。

☆

原稿に向かって書いていると、あとひと月ほどで、二歳になる子供が寄ってきて、のぞきながら「おかあちゃんうさぎさんがいてるの」という。

うさぎさんはどこにいるのときくと、「ぬ」という字を指さして「これうさぎさん」という。

なるほど「ぬ」という字は、うさぎに似ているとおもう。

長い耳もふたつあって、頭も丸いし、背もしっぽもある。

そしてさらに、インクをこぼした汚点を見つけて「これはライオン」だという。

ライオンのふさふさした髪のように見えたらしい。

わたくしは「発見」と「驚き」という、もっとも初歩的で、しかも大切な詩の心を改めて教えられたような気がした。

高知新聞（一九六二年三月十一日）

昨今古本屋事情

「本を引き取ってほしいのですが」または、「こちらで古本引き取りますか」と言って本を売りに来られる方が多い。その時私は、電話であれ店頭の応対であれ、反射的に困惑の表情をあらわにしてしまう。後で反省をするが、「売りたい」とか「買ってほしい」とは一般的に言いにくい言葉なのだろうか。しかし売買を生業としている者には、「引き取ってくれ」という言葉は、何かしらこちらが不都合をしているようでなじまないと思う。私には少なからず抵抗を覚える言葉だ。

困惑のもうひとつは、物理的なことで、そうして持ち込まれる本は、段ボール入りで、いくつも車で運ばれてくることである。ちっぽけな私の店には手に余る量である。垂涎《すいぜん》物の本の山である場合は、どんな手当てをしてでも買わせてほしいのですが、いくつもストックしている類の本の場合は、「お引き取り」願わざるを得ない。愛蔵の本を二、三冊風呂敷に包んで売りにこられたお客さまと、粛々と取引をしていたのは、昭和五十年ぐらいまでだったろうか。

☆

文庫本と言えば、岩波、新潮全盛のころ、評価を得た古典的なものが文庫本だった。今はぐっと間口が広くなって、哲学から遊びまであらゆるジャンルの文庫本が揃い、出版社も数えて十指にあまる。文庫本とマンガ本だけの書店があるというのもうなずける。

特に文庫本をお買いになる方とは限らないけれど、千円で五、六冊はゆうに買える廉価本をかかえてお帰りになるお客さまは「これで一晩ぐらい時間が潰せる」と言う。「時間を潰しちゃもったいないね」などと私も冗談めかして言うけれど、本で時間を潰さないで楽しんでほしいと思う。

☆

私の店はバスターミナルからわりと近い所にある。わずかなバスの待ち時間にも、よく寄ってくださる方が何人かいらっしゃる。時間を気にしながら私と雑談をしながらも、本棚から目を離さない。手ぶらでお帰りになるのを、申し訳なく思う私に、先回りして「バスの待ち時間に楽しませてもらった」などとお客さまの方から気配りをしてくださる。「おや？」とお客さまの気を引きつけるよう、本棚に動きをつける。古本屋の一番難しい所。

☆

お正月を過ぎたころから、「今年もやるの」「今度はいつから」とかお客さまにたずねられる。恒例になった西武大古書展のことである。今年は第二十回を数えることになった。二年間ほど三月と十月年二回開催したことがあったが、お客さまに喜んでいただける内容にするには、年一回の開催がちょうどかもしれない。郷土関係の本や資料は、いったん個人の書斎に入ると、なかなか市場に出回らない。業者も内容を充実させるために、本集めに苦労する。それにしても、古書展を支えてくださったたくさんのお客さまはむろんのこと、第一回開催に奔走くださった方々、故人になられた方も何人かいらっしゃるけれど、心から感謝したい。重ねて、本の手渡し手として、やる気にさせてくれたのは、喜んでくださったお客さまあってのことを私は忘れない。

昨今、通信販売が盛んである。古書業界も例にもれず、グループによるものから、凝った手書きやワープロによる独自の目録を、定期的に発行している店も多い。本が売れないという。読書人口が減ったという。古本屋は、利益の追求ばかりでなく、真にその本を求め喜ぶ人に手渡しすることに自らの喜びを見つけていると、こうした昨今の傾向に思う。

第二十回記念の古書展、県内で文学活動をしていらっしゃる方々の、自作の色紙短冊展示即売を併設して、お客さまにも参加していただく計画をしている。古書の山から自分だけの宝物を掘り出す楽しみに、もう一つ楽しみが増えてくれればと願い、私も今から多忙ながらも楽しみにしている。

高知新聞（一九九四年二月二十八日）

あとがきに添えて

片岡直治

人は肉体が亡くなった後に、その存在を忘れられていくことで、本当の意味で亡くなるのだと思います。母を知る人たちも徐々に少なくなっていきます。身内以外に思いを残す方々もいなくなったものと思っていたところに、『古本屋 タンポポのあけくれ』を復刊したいと、夏葉社の島田さんからお話をいただきました。

もう二十年近く前の商業向けでもない個人的な本に思いが寄せられていることに驚きと、喜びを感じました。母に会ったことのない人たちが、本の中で母に親しんでくれていることを、何よりうれしく思いました。

本だけではなく、書や美術工芸品もそうかもしれませんが、作者の思いや念、そういったものが受け手に伝わり、響いているのかもしれません。

本書をとおして、「こんな古本屋がありました」「こんな店主、人間関係、家族がありました」と思いをはせていただけたら、こんなにうれしいことはありません。島田さんには感謝を申し上げます。ありがとうございます。

私は三人兄弟の末っ子で、姉、兄よりも「タンポポ書店」とのかかわりが短かったので、あまり上手く伝えられないかもしれませんが、思い出に残っていることをいくつか書いてみます。

私も小学校高学年のころからデパートの古書展を何度か手伝いました。エスカレーターの上り口のところで、平台二台分の古本の売り手をしたのですが、そのとき感じたのは、本は重く、古本屋というのはかなりの重労働であるということでした。

作中でも再々出て来ましたロシナンテ、母はその荷台に段ボール一杯つめた本を載せていろんなところを行き来していました。

実はロシナンテは二台あり、父用、母用があったのですが、父が亡くなったあと、それぞれの良い部品をあわせて一台のロシナンテにあつらえ直していました。けれど、それもずいぶん古くなり、最後の方は乗るのもかなり重たそうでした。

店の開店、閉店時には、毎日段ボールを二十〜三十箱ほど出し入れしていました。六十代後半の体力には大変なことだったと思います。古本屋はストックを抱えていないと、すぐに棚が空いてしまいますし、臨機応変の対応もできませんから、店の外にはいつも本の詰まった段ボールが山となっていました。

ただ、本の大好きな人でしたので、本に囲まれて、本に触れているのが、うれしく、たのしかったのだと思います。

いよいよ、タンポポ書店を閉店する頃のことです。店の在庫をある程度引き取ってくれる方があったので、その方に古雑誌やマンガ、文庫本などを引き取っていただきました。残った本を家へ引き上げていくとき、母は「本がものを言ってくれん」、「本が話しかけてくれん」と泣きながら作業しておりました。

半世紀以上にわたり本に親しんできた母は、本との会話、対話ができたんだと思います。このあたりの母や、父の本への感覚というのは、我が親ながら尊敬の念に堪えません。

タンポポ書店は、店舗がなくなった後も、通信販売という形でしばらく続きました。古書目録をつくり、そこから注文を受けるというスタイルです。

母は不慣れながらも、こつこつ販売を続けておりました。そのかたわら、私の開設していた接骨院で受付業務を手伝ってくれました。やっぱり、店舗でお客様相手の仕事を長くしていたからでしょう、母はすぐに患者さんと打ちとけて、楽しそうに話をしていました。この時、古本屋というのは、本が好きなだけでは続く商売でないということがよくわかりました。

母と接したことのある人はおそらく、ニコニコと笑った顔を最初に思い出すのではないでしょうか。あれは、これまでのお付き合いのあった方々がつくってくれた結果の笑顔であったのだと思います。

本と人が好きだから、タンポポ書店は長い期間にわたって店を開けることが出来ました。

タンポポ書店を訪れたお客様、友人その他、たくさんの人たちが、タンポポ書店を、父を、母を育ててくれたのだとあらためて思います。

約四十年のタンポポのあけくれが、私の両親、私達家族を育ててくれました。とりたてて裕福な家庭でもありませんでしたが、心の中で貧しい思いもしませんでした。

いち古本屋の雑記を改めて読んでいただき、同業の方には共感を、お客様には本と詩を愛した夫婦が営んだ古書店がたしかに存在していたことを想像していただければ、身内のものとしても大変うれしく、ありがたいことと存じます。

古書肆
タンポポ書店
創業 1963年

片岡千歳（かたおか・ちとせ）
一九三五年、山形県堀内村（現、舟形町）生まれ。
六三年に夫・片岡幹雄とともに高知県高知市で
古書店「タンポポ書店」を開店。
同店は二〇〇四年に閉店するまで多くの人に親しまれた。
詩集に『きょうは美術館へ』『最上川』など。
二〇〇八年死去。

古本屋 タンポポのあけくれ

二〇二三年一〇月二〇日発行

著　者　片岡千歳
発行者　島田潤一郎
発行所　夏葉社
〒一八〇-〇〇〇一　東京都武蔵野市吉祥寺北町一-五-一〇-一〇六
電話　〇四二二-二〇-〇四八〇　http://natsuhasha.com/
装　丁　櫻井久（櫻井事務所）
装　画　すずきくみこ
印刷・製本　中央精版印刷株式会社
定価　本体二六〇〇円+税

ISBN978-4-904816-45-5 Printed in japan